地藏菩薩本願經 寫經

寫經　　　　伏焚敬書

● 사경의 정의

부처님께서 설하신 깨달음의 말씀인 불경을 옮겨 쓰거나 베껴 쓰는 사경(寫經)은 부처님의 마음을 가장 깊이 느낄 수 있는 기도방법입니다. 불자들은 사경을 시작할 때나 하는 동안 언제나 맑고 깨끗한 마음으로 해야 합니다.

사경의 '사(寫)'란 '옮긴다'는 뜻으로 부처님의 마음과 가르침을 우리의 몸과 마음에 가득 채워 옮기는 성스럽고 거룩한 행위입니다.

불경의 문자(文字)·진언(眞言)·염불 등은 단순한 문자가 아니라, 중생의 본성(本性)이며, 부처님 마음의 표현입니다. 경전의 한 글자 한 글자에 한 부처님이 함께하신다고 해서 예부터 우리 선조님들은 한 자를 쓰고 세 번 절을 올리는 정성을 기울였다고 합니다.

사경 신앙은 경전의 뜻을 보다 깊이 이해한다는 의미도 있지만 자신의 원력과 신앙을 사경에 담아 신앙의 힘을 키워나가는 데 더 큰 목적이 있습니다.

지혜와 자비의 길을 설하신 부처님의 가르침을 눈으로 읽고 소리내어 염송하고, 마음으로 잘 이해한 뒤 무아(無我)의 심경으로 온 신경을 한 곳에 모아 사경에 임할 때, 부처님이 내 안에서 함께하는 경건함과 환희로움을 체험할 수 있을 것입니다.

엄숙한 분위기에서 바르게 앉아 호흡을 가다듬고 정신을 통일한 후, 정성 들여 행하는 사경은 번뇌와 미혹의 마음에서 벗어나 청정한 심신(心身)이 되어 부처님의 마음과 통하게 됩니다.

부처님의 마음과 자신의 마음이 하나로 통하게 되면 지혜의 빛이 우리의 마음속 깊이 스며들어 옵니다. 그때 몸과 마음의 안락과 행복을 느끼면서 모든 이웃의 존재에 대한 자비심이 일어나게 되는데, 이것이 진정한 사경 신앙의 목적입니다.

● 사경 방법

— 몸과 마음을 청정하게 합니다.
세면과 양치질을 하고 몸가짐을 단정히 합니다.
목욕재계하면 더욱 좋습니다.

— 주변 환경을 정돈합니다.
사경 장소에는 불상이나 부처님 사진, 불화 등을 모시고 향로를 준비해 두면 좋습니다.

— 바르게 앉은 자세에서 호흡을 가다듬습니다.

— 부처님전을 향해 합장하고 사경 의식 작법에 따라 의식문을 염송합니다.

— 붓(펜, 만년필, 연필 등을 사용)을 잡고 사경을 시작합니다.

— 일자일배(一字一拜) 또는 일행삼배(一行三拜) 등의 사경 신앙이 전해오는데 그대로 따르면 좋겠지만, 그렇지 못할 때는 한 줄 쓰고 난 뒤 합장하고 다시 자세를 가다듬어 거듭 경건한 마음으로 사경에 임하는 것이 좋습니다.

— 사경이 끝나면 사경한 날짜와 사경인의 불명(이름)을 쓴 후, 사경을 통해 가장 청정해진 마음으로 가족과 이웃을 위해 축원을 합니다.

— 사경이 끝나면 손수 쓴 경전을 들고 소리내어 한 번 독송하면 좋습니다.

— 사경회향문을 염송하고 불전에 삼배를 올립니다.

● 사경 의식 작법

1. 삼정례(三頂禮)

일심정례 불타야중 一心頂禮 佛陀耶衆
일심으로 부처님께 절하옵니다
일심정례 달마야중 一心頂禮 達摩耶衆
일심으로 가르침에 절하옵니다
일심정례 승가야중 一心頂禮 僧伽耶衆
일심으로 스님들께 절하옵니다

2. 사경발원문(寫經發願文)

시방세계의 모든 부처님과 보살님께 발원합니다.

오늘 저는 지극한 마음으로 사경을 봉행하오니 이 사경 공덕이 무량하여 선망부모는 왕생극락하고 다겁 이래로 지은 죄업이 모두 소멸되어 위없는 깨달음을 얻게 하소서.

거듭 발원합니다. 지금 이루어지는 이 경전이 미래세가 다하도록 없어지지 않아, 이후 모든 이웃들이 이 경전을 보면 환희심을 내고 불법을 깊이 깨달아 구경에 성불하기를 진심으로 발원합니다.

3. 참회문(懺悔文)

아득히 먼 옛적부터 제가 지은 모든 악업
탐착심과 증오심과 미혹으로 생기었고

몸과 입과 뜻을 따라 무명으로 지었기에
제가 이제 부처님께 참회하고 비옵니다.
본래 없이 마음 따라 일어난 죄는
마음이 사라지면 죄도 사라져
죄와 마음 모두 다 공해진다면
이 경지를 참참회라 이름하리라.

참회진언
「옴 살바 못자 보디 사다야 스바하」(삼편)

4. **입정**(入定)

5. **사경**(寫經)

6. **사경회향문**(寫經廻向文)

사경 공덕 무량하여 삼업중죄 소멸하니
몸과 마음 굳게 가져 보리심을 발합니다
세세생생 보살의 길 나아가기 원하오니
시방삼세 부처님은 증명하여 주옵소서.

7. **사홍서원**(四弘誓願)

중생무변서원도 衆生無邊誓願度 중생을 다 건지오리다
번뇌무진서원단 煩惱無盡誓願斷 번뇌를 다 끊으오리다
법문무량서원학 法門無量誓願學 법문을 다 배우오리다
불도무상서원성 佛道無上誓願成 불도를 다 이루오리다

지 장 보 살 본 원 경
地藏菩薩本願經

삼 장 법 사　법 등　당 역　실 차 난 타 역　참 고
三藏法師 法燈 唐譯(實叉難陀譯 參考)

도 리 천 궁 신 통 품　제 일
○忉利天宮神通品 第一

여 시 아 문
如是我聞

일 시　불　재 도 리 천　위 모 설 법
一時 佛 在忉利天 爲母說法

이 시　시 방 무 량 세 계　불 가 설　불 가
爾時 十方無量世界 不可說 不可

설　일 체 제 불　급 대 보 살 마 하 살　개
說 一切諸佛 及大菩薩摩訶薩 皆

래 집 회　찬 탄
來集會 讚歎

석 가 모 니 불　능 어 오 탁 악 세　현 불 가
釋迦牟尼佛 能於五濁惡世 現不可

사 의　대 지 혜 신 통 지 력　조 복 강 강 중
思議 大智慧神通之力 調伏剛强衆

생 지고락법
生 知苦樂法

각견시자 문신세존
各遣侍者 問訊世尊

시시 여래함소 방백천만억대광명
是時 如來含笑 放百千萬億大光明

운 소위 대원만광명운 대자비광
雲 所謂 大圓滿光明雲 大慈悲光

명운 대지혜광명운 대반야광명운
明雲 大智慧光明雲 大般若光明雲

대삼매광명운 대길상광명운 대복
大三昧光明雲 大吉祥光明雲 大福

덕광명운 대공덕광명운 대귀의광
德光明雲 大功德光明雲 大歸依光

명운 대찬탄광명운
明雲 大讚歎光明雲

방여시등 불가설광명운이 우출종
放如是等 不可說光明雲已 又出種

종미묘지음 소위 단바라밀음 시
種微妙之音 所謂 檀波羅蜜音 尸

라바라밀음 찬제바라밀음 비리야
羅波羅蜜音 羼提波羅蜜音 毘離耶

바라밀음 선바라밀음 반야바라밀

波羅蜜音 禪波羅蜜音 般若波羅蜜

음 자비음 희사음 해탈음 무루음

音 慈悲音 喜捨音 解脫音 無漏音

지혜음 대지혜음 사자후음 대사

智慧音 大智慧音 師子吼音 大師

자후음 운뢰음 대운뢰음

子吼音 雲雷音 大雲雷音

출여시등 불가설불가설음이 사바

出如是等 不可說不可說音已 娑婆

세계 급타방국토 유무량억 천룡

世界 及他方國土 有無量億 天龍

귀신 역집도도리천궁 소위 사천

鬼神 亦集到忉利天宮 所謂 四天

왕천 도리천 수염마천 도솔타천

王天 忉利天 須燄摩天 兜率陀天

화락천 타화자재천 범중천 범보

化樂天 他化自在天 梵衆天 梵輔

천 대범천 소광천 무량광천 광음

天 大梵天 少光天 無量光天 光音

천 소정천 무량정천 변정천 복생

天 少淨天 無量淨天 遍淨天 福生

천 복애천 광과천 엄식천 무량엄
天 福愛天 廣果天 嚴飾天 無量嚴

식천 엄식과실천 무상천 무번천
飾天 嚴飾果實天 無想天 無煩天

무열천 선견천 선현천 색구경천
無熱天 善見天 善現天 色究竟天

마혜수라천 내지 비상비비상처천
摩醯首羅天 乃至 非想非非想處天

일체천중 용중 귀신등중 실래집
一切天衆 龍衆 鬼神等衆 悉來集

회
會

부유타방국토 급사바세계 해신
復有他方國土 及娑婆世界 海神

강신 하신 수신 산신 지신 천택신
江神 河神 樹神 山神 地神 川澤神

묘가신 주신 야신 공신 천신 음식
苗稼神 晝神 夜神 空神 天神 飲食

신 초목신 여시등신 개래집회
神 草木神 如是等神 皆來集會

부유타방국토 급사바세계 제대귀
復有他方國土 及娑婆世界 諸大鬼

왕 소위 악목귀왕 담혈귀왕 담정
王 所謂 惡目鬼王 啗血鬼王 啗精

기귀왕 담태란귀왕 행병귀왕 섭
氣鬼王 啗胎卵鬼王 行病鬼王 攝

독귀왕 자심귀왕 복리귀왕 대애
毒鬼王 慈心鬼王 福利鬼王 大愛

경귀왕 여시등귀왕 개래집회
敬鬼王 如是等鬼王 皆來集會

이시 석가모니불 고문수사리법왕
爾時 釋迦牟尼佛 告文殊舍利法王

자보살마하살
子菩薩摩訶薩

여관 시일체제불보살 급천룡귀신
汝觀 是一切諸佛菩薩 及天龍鬼神

차세계 타세계 차국토 타국토 여
此世界 他世界 此國土 他國土 如

시금래집회 도도리천자 여지수부
是今來集會 到忉利天者 汝知數不

문수사리 백불언
文殊舍利 白佛言

세존 약이아신력 천겁 측탁 불능
世尊 若以我神力 千劫 測度 不能

득지
得知

불고문수사리
佛告文殊舍利

오이불안 관유부진수 차개시지장
吾以佛眼 觀猶不盡數 此皆是地藏

보살 구원겁래 이도 당도 미도 이
菩薩 久遠劫來 已度 當度 未度 已

성취 당성취 미성취
成就 當成就 未成就

문수사리 백불언
文殊舍利 白佛言

세존 아이과거 구수선근 증무애
世尊 我以過去 久修善根 證無碍

지 문불소언 즉당신수 소과성문
智 聞佛所言 卽當信受 小果聲聞

천룡팔부 급미래세 제중생등 수
天龍八部 及未來世 諸衆生等 雖

문여래성실지어 필회의혹 설사정
聞如來誠實之語 必懷疑惑 設使頂

수 미면흥방 유원 세존 광설지장
受 未免興謗 唯願 世尊 廣說地藏

보살마하살 인지 작하행 입하원
菩薩摩訶薩 因地 作何行 立何願

이능성취부사의사
而能成就不思議事

불고문수사리
佛告文殊舍利

비여삼천대천세계 소유초목총림
譬如三千大千世界 所有草木叢林

도마죽위 산석미진 일물일수 작
稻麻竹韋 山石微塵 一物一數 作

일항하 일항하사일사 일계 일계
一恒河 一恒河沙一沙 一界 一界

지내 일진 일겁 일겁지내 소적진
之内 一塵 一劫 一劫之内 所積塵

수 진충위겁 지장보살 증십지과
數 盡充爲劫 地藏菩薩 證十地果

위 이래 천배다어상유 하황지장
位 以來 千倍多於上喩 何況地藏

보살 재성문벽지불지
菩薩 在聲聞辟支佛地

문수사리 차보살 위신서원 불가
文殊舍利 此菩薩 威神誓願 不可

사의 약미래세 유선남자선여인
思議 若未來世 有善男子善女人

문시보살명자 혹찬탄 혹첨례 혹
聞是菩薩名字 或讚嘆 或瞻禮 或

칭명 혹공양 내지 채화각루소칠
稱名 或供養 乃至 彩畵刻鏤塑漆

형상 시인 당득백반 생어삼십삼
形像 是人 當得百返 生於三十三

천 영불타악도
天 永不墮惡道

문수사리 시지장보살마하살 어과
文殊舍利 是地藏菩薩摩訶薩 於過

거구원 불가설불가설겁전 신위대
去久遠 不可說不可說劫前 身爲大

장자자 시세유불 호왈사자분신구
長者子 時世有佛 號曰獅子奮迅具

족만행여래 시장자자 견불상호천
足萬行如來 時長者子 見佛相好千

복장엄 인문피불
福莊嚴 因問彼佛

작하행원 이득차상
作何行願 而得此相

시 사자분신구족만행여래 고장자
時 獅子奮迅具足萬行如來 告長者

자
子

욕증차신 당수구원 도탈일체수고
欲證此身 當須久遠 度脫一切受苦

중생
衆生

문수사리 시 장자자 인발서언
文殊舍利 時 長者子 因發誓言

아금진미래제불가계겁 위시죄고
我今盡未來際不可計劫 爲是罪苦

육도중생 광설방편 진령해탈 이
六道衆生 廣設方便 盡令解脫 而

아자신 방성불도
我自身 方成佛道

이시 어피불전 입사대원 우금
以是 於彼佛前 立斯大願 于今

백천만억나유타불가설겁 상위보
百千萬億那由他不可說劫 尚爲菩

살
薩

우어과거불가사의아승기겁 시세
又於過去不可思議阿僧祇劫 時世

유불 호왈각화정자재왕여래 피불
有佛 號曰覺華定自在王如來 彼佛

수명 사백천만억아승기겁 상법지
壽命 四百千萬億阿僧祇劫 像法之

중 유일바라문녀
中 有一婆羅門女

숙복심후 중소흠경 행주좌와 제
宿福深厚 衆所欽敬 行住坐臥 諸

천위호 기모신사 상경삼보 시시
天衛護 其母信邪 常輕三寶 是時

성녀 광설방편 권유기모 영생정
聖女 廣設方便 勸誘其母 令生正

견 이차녀모 미전생신 불구명종
見 而此女母 未全生信 不久命終

혼신 타재무간지옥
魂神 墮在無間地獄

시 바라문녀 지모재세 불신인과
時 婆羅門女 知母在世 不信因果

계당수업 필생악취 수매가택 광
計當隨業 必生惡趣 遂賣家宅 廣

구향화 급제공구 어선불탑사 대
求香華 及諸供具 於先佛塔寺 大

흥공양
興供養

견각화정자재왕여래 기형상 재일
見覺華定自在王如來 其形像 在一

사중 소화위용 단엄필비 시 바라
寺中 塑畵威容 端嚴畢備 時 婆羅

문녀 첨례존용 배생경앙 사자염
門女 瞻禮尊容 倍生敬仰 私自念

언
言

불명대각 구일체지 약재세시 아
佛名大覺 具一切智 若在世時 我

모사후 당래문불 필지처소
母死後 儻來問佛 必知處所

시 바라문녀 수읍양구 첨연여래
時 婆羅門女 垂泣良久 瞻戀如來

홀문공중성왈
忽聞空中聲曰

읍자성녀 물지비애 아금시여모지
泣者聖女 勿至悲哀 我今示汝母之

거 처
去處

바 라 문 녀 합 장 향 공 이 백 공 왈
婆羅門女 合掌向空 而白空曰

시 하 신 덕 관 아 우 려 아 자 실 모 이 래
是何神德 寬我憂慮 我自失母已來

주 야 억 연 무 처 가 문 지 모 생 계
晝夜憶戀 無處可問知母生界

시 공 중 유 성 재 보 녀 왈
時 空中有聲 再報女曰

아 시 여 소 첨 례 자 과 거 각 화 정 자 재
我是汝所瞻禮者 過去覺華定自在

왕 여 래 견 여 억 모 배 어 상 정 중 생 지
王如來 見汝憶母 倍於常情衆生之

분 고 래 고 시
分 故來告示

바 라 문 녀 문 차 성 이 거 신 자 박 지
婆羅門女 聞此聲已 擧身自撲 支

절 개 손 좌 우 부 시 양 구 방 소 이 백
節皆損 左右扶侍 良久方蘇 而白

공 왈
空曰

원불자민 속설아모생계 아금 신
願佛慈愍 速說我母生界 我今 身

심 장사불구
心 將死不久

시 각화정자재왕여래 고성녀왈
時 覺華定自在王如來 告聖女曰

여공양필 단조반사 단좌사유 오
汝供養畢 但早返舍 端坐思惟 吾

지명호 즉당지모소생거처
之名號 卽當知母所生去處

시 바라문녀 심례불이 즉귀기사
時 婆羅門女 尋禮佛已 卽歸其舍

이억모고 단좌 염각화정자재왕여
以憶母故 端坐 念覺華定自在王如

래 경일일일야 홀견자신 도일해
來 經一日一夜 忽見自身 到一海

변
邊

기수용비 다제악수 진부철신 비
其水湧沸 多諸惡獸 盡復鐵身 飛

주해상 동서치축 견제남자여인
走海上 東西馳逐 見諸男子女人

백천만수 출몰해중 피제악수 쟁
百千萬數 出沒海中 被諸惡獸 爭

취식담
取食啗

우견야차 기형각이 혹다수다안
又見夜叉 其形各異 或多手多眼

다족다두 구아외출 이인여검 구
多足多頭 口牙外出 利刃如劍 驅

제죄인 사근악수 부자박확 두족
諸罪人 使近惡獸 復自搏攫 頭足

상취 기형 만류 불감구시 시 바라
相就 其形 萬類 不敢久視 時 婆羅

문녀 이염불력고 자연무구
門女 以念佛力故 自然無懼

유일귀왕 명왈무독 계수내영 백
有一鬼王 名曰無毒 稽首來迎 白

성녀왈
聖女曰

선재 보살 하연 내차
善哉 菩薩 何緣 來此

시 바라문녀 문귀왕왈 차시하처
時 婆羅門女 問鬼王曰: 此是何處

무 독 답 왈 차 시 대 철 위 산 서 면 제
無毒答曰: 此是大鐵圍山 西面 第

일 중 해
一重海

성 녀 문 왈 아 문 철 위 지 내 지 옥 재 중
聖女問曰: 我聞鐵圍之內 地獄在中

시 사 실 부
是事實不

무 독 답 왈 실 유 지 옥
無毒答曰: 實有地獄

성 녀 문 왈 아 금 운 하 득 도 옥 소
聖女問曰: 我今云何 得到獄所

무 독 답 왈 약 비 위 신 즉 수 업 력 비
無毒答曰: 若非威神 卽須業力 非

차 이 사 종 불 능 도
此二事 終不能到

성 녀 우 문 차 수 하 연 이 내 용 비 다
聖女又問: 此水何緣 而乃湧沸 多

제 죄 인 급 이 악 수
諸罪人 及以惡獸

무 독 답 왈
無毒答曰

차시염부제 조악중생 신사지자
此是閻浮提 造惡衆生 新死之者

경사십구일 무인계사 위작공덕
經四十九日 無人繼嗣 爲作功德

구발고난 생시 우무선인 당거본
救拔苦難 生時 又無善因 當據本

업소감지옥 자연선도차해
業所感地獄 自然先度此海

해동십만유순 우유일해 기고배차
海東十萬由旬 又有一海 其苦倍此

피해지동 우유일해 기고부배 삼
彼海之東 又有一海 其苦復倍 三

업악인지소초감 공호업해 기처시
業惡因之所招感 共號業海 其處是

야
也

성녀 우 문귀왕무독왈 지옥하재
聖女 又 問鬼王無毒曰: 地獄何在

무독답왈 삼해지내 시대지옥 기
無毒答曰: 三海之內 是大地獄 其

수백천 각각차별 소위 대자 구
數百千 各各差別 所謂 大者 具

유 십 팔 차 유 오 백 고 독 무 량 차 유
有十八 次有五百 苦毒無量 次有

천 백 역 무 량 고
千百 亦無量苦

성 녀 우 문 대 귀 왕 왈 아 모 사 래 미
聖女 又 問大鬼王曰: 我母死來未

구 부 지 혼 신 당 지 하 취
久 不知魂神 當至何趣

귀 왕 문 성 녀 왈 보 살 지 모 재 생 습
鬼王 問聖女曰: 菩薩之母 在生習

하 행 업
何行業

성 녀 답 왈 아 모 사 견 기 훼 삼 보 설
聖女答曰: 我母邪見 譏毁三寶 設

혹 잠 신 선 우 불 경 사 수 일 천 미 지
或暫信 旋又不敬 死雖日淺 未知

생 처
生處

무 독 문 왈 보 살 지 모 성 씨 하 등
無毒問曰: 菩薩之母 姓氏何等

성 녀 답 왈 아 부 아 모 구 바 라 문 종
聖女答曰: 我父我母 俱婆羅門種

부 호 시 라 선 현 모 호 열 제 리
父號尸羅善現 母號悅帝利

무 독 합 장 계 보 살 왈
無毒 合掌 啓菩薩曰

원 성 자 각 반 본 처 무 지 우 억 비 연
願聖者 却返本處 無至憂憶悲戀

열 제 리 죄 녀 생 천 이 래 경 금 삼 일
悅帝利罪女 生天以來 經今三日

운 승 효 순 지 자 위 모 설 공 수 복 보 시
云承孝順之子 爲母 設供修福布施

각 화 정 자 재 왕 여 래 탑 사 비 유 보 살
覺華定自在王如來塔寺 非惟菩薩

지 모 득 탈 지 옥 응 시 무 간 차 일 죄
之母 得脫地獄 應是無間 此日罪

인 실 득 수 락 구 동 생 흘
人 悉得受樂 俱同生訖

귀 왕 언 필 합 장 이 퇴
鬼王 言畢 合掌而退

바 라 문 녀 심 여 몽 귀 오 차 사 이 변
婆羅門女 尋如夢歸 悟此事已 便

어 각 화 정 자 재 왕 여 래 탑 상 지 전 입
於覺華定自在王如來 塔像之前 立

홍 서 원
弘誓願

원 아 진 미 래 겁 응 유 죄 고 중 생 광 설
願我盡未來劫 應有罪苦衆生 廣說

방 편 사 령 해 탈
方便 使令解脫

불 고 문 수 사 리
佛告文殊舍利

시 귀 왕 무 독 자 당 금 재 수 보 살 시
時 鬼王無毒者 當今財首菩薩 是

바 라 문 여 자 즉 지 장 보 살 시
婆羅門女者 卽地藏菩薩 是

분 신 집 회 품 제 이
○分身集會品 第二

이 시 백 천 만 억 불 가 사 불 가 의 불
爾時 百千萬億 不可思 不可議 不

가 량 불 가 설 무 량 아 승 기 세 계 소
可量 不可說 無量阿僧祇世界 所

유 지 옥 처 분 신 지 장 보 살 구 래 집 재
有地獄處 分身地藏菩薩 俱來集在

도 리 천 궁 이 여 래 신 력 고 각 이 방 면
忉利天宮 以如來神力故 各以方面

여 제 득 해 탈 종 업 도 출 자 역 각 유 천
與諸得解脫 從業道出者 亦各有千

만 억 나 유 타 수 공 지 향 화 내 공 양 불
萬億那由他數 共持香華來供養佛

피 제 동 래 등 배 개 인 지 장 보 살 교 화
彼諸同來等輩 皆因地藏菩薩教化

영 불 퇴 전 어 아 뇩 다 라 삼 먁 삼 보 리
永不退轉於阿耨多羅三藐三菩提

시 제 중 등 구 원 겁 래 유 랑 생 사 육
是諸衆等 久遠劫來 流浪生死 六

도 수 고 잠 무 휴 식 이 지 장 보 살 광
道受苦 暫無休息 以地藏菩薩 廣

대 자 비 심 서 원 고 각 획 과 증 기 지 도
大慈悲深誓願故 各獲果證 旣至忉

리 심 회 용 약 첨 앙 여 래 목 불 잠 사
利 心懷踊躍 瞻仰如來 目不暫捨

이 시 세 존 서 금 색 비 마 백 천 만 억
爾時 世尊 舒金色臂 摩百千萬億

불 가 사 불 가 의 불 가 량 불 가 설 무
不可思 不可議 不可量 不可說 無

량 아 승 기 세 계 제 분 신 지 장 보 살 마
量阿僧祇世界 諸分身 地藏菩薩摩

하 살 정 이 작 시 언
訶薩頂 而作是言

오 어 오 탁 악 세 교 화 여 시 강 강 중 생
吾於五濁惡世 教化如是剛强衆生

영 심 조 복 사 사 귀 정 십 유 일 이 상
令心調伏 捨邪歸正 十有一二 尙

재 악 습 오 역 분 신 천 백 억 광 설 방 편
在惡習 吾亦分身千百億 廣設方便

혹 유 이 근 문 즉 신 수 혹 유 선 과 근
或有利根 聞卽信受 或有善果 勤

권 성 취 혹 유 암 둔 구 화 방 귀 혹 유
勸成就 或有暗鈍 久化方歸 或有

업 중 불 생 경 앙
業重 不生敬仰

여 시 등 배 중 생 각 각 차 별 분 신 도 탈
如是等輩衆生 各各差別 分身度脫

혹 현 남 자 신 혹 현 여 인 신 혹 현 천 룡
或現男子身 或現女人身 或現天龍

신 혹 현 귀 신 신 혹 현 산 림 천 원 하
身 或現鬼神身 或現山林川源 河

지 천 정 이 급 어 인 실 개 도 탈 혹 현
池泉井 利及於人 悉皆度脫 或現

제 석 신 혹 현 범 왕 신 혹 현 전 륜 왕 신
帝釋身 或現梵王身 或現轉輪王身

혹 현 거 사 신 혹 현 국 왕 신 혹 현 재 보
或現居士身 或現國王身 或現宰輔

신 혹 현 관 속 신 혹 현 비 구 비 구 니
身 或現官屬身 或現比丘 比丘尼

우 바 새 우 바 이 신 내 지 성 문 나 한
優婆塞 優婆夷身 乃至 聲聞 羅漢

벽 지 불 보 살 등 신 이 이 화 도 비 단
辟支佛 菩薩等身 而以化度 非但

불 신 독 현 기 신
佛身 獨現其身

여 관 오 누 겁 근 고 도 탈 여 시 등 난
汝觀 吾累劫 勤苦度脫如是等 難

화 강 강 죄 고 중 생 기 유 미 조 복 자
化剛强 罪苦衆生 其有未調伏者

수 업 보 응 약 타 악 취 수 대 고 시 여
隨業報應 若墮惡趣 受大苦時 汝

당 억 념 오 재 도 리 천 궁 은 근 부 촉
當憶念 吾在忉利天宮 慇懃付囑

영사바세계 지미륵출세 이래중생
令娑婆世界 至彌勒出世 已來衆生

실사해탈 영리제고 우불수기
悉使解脫 永離諸苦 偶佛授記

이시 제세계분신지장보살 공부일
爾時 諸世界分身地藏菩薩 共復一

형 체루애연 이백불언
形 涕淚哀戀 而白佛言

아종구원겁래 몽불접인 사획불가
我從久遠劫來 蒙佛接引 使獲不可

사의신력 구대지혜 아소분신 변
思議神力 具大智慧 我所分身 遍

만백천만억 항하사세계 매일세계
滿百千萬億 恒河沙世界 每一世界

화백천만억신 매일신 도백천만억
化百千萬億身 每一身 度百千萬億

인 영귀경삼보 영리생사 지열반
人 令歸敬三寶 永離生死 至涅槃

락 단어불법중 소위선사 일모일
樂 但於佛法中 所爲善事 一毛一

적 일사일진 혹호발허 아점도탈
滴 一沙一塵 或毫髮許 我漸度脫

사 획 대 리
使獲大利

유 원 세 존 불 이 후 세 악 업 중 생 위 려
唯願世尊 不以後世惡業衆生 爲慮

여 시 삼 백 불 언 유 원 세 존 불 이 후
如是三 白佛言 唯願 世尊 不以後

세 악 업 중 생 위 려
世惡業衆生 爲慮

이 시 불 찬 지 장 보 살 언
爾時 佛讚地藏菩薩言

선 재 선 재 오 조 여 희 여 능 성 취 구
善哉 善哉 吾助汝喜 汝能成就 久

원 겁 래 발 홍 서 원 광 도 장 필 즉 증
遠劫來 發弘誓願 廣度將畢 卽證

보 리
菩提

관 중 생 업 연 품 제 삼
○觀衆生業緣品 第三

이 시 불 모 마 야 부 인 공 경 합 장 문
爾時 佛母摩耶夫人 恭敬合掌 問

지 장 보 살 언
地藏菩薩言

성 자 염 부 중 생 조 업 차 별 소 수 보
聖者 閻浮衆生 造業差別 所受報

응 기 사 운 하
應 其事云何

지 장 답 언
地藏答言

천 만 세 계 내 급 국 토 혹 유 지 옥 혹
千萬世界 乃及國土 或有地獄 或

무 지 옥 혹 유 여 인 혹 무 여 인 혹 유
無地獄 或有女人 或無女人 或有

불 법 혹 무 불 법 내 지 성 문 벽 지 불
佛法 或無佛法 乃至 聲聞 辟支佛

역 부 여 시 비 단 지 옥 죄 보 일 등
亦復如是 非但地獄罪報一等

마 야 부 인 중 백 보 살 차 원 문 어 염 부
摩耶夫人 重白菩薩: 且願聞於閻浮

죄 보 소 감 악 취
罪報 所感惡趣

지 장 답 언 성 모 유 원 청 수 아 조 설
地藏答言: 聖母 唯願聽受 我粗說

지
之

불모백언 원성자설
佛母白言: 願聖者說

이시 지장보살 백성모언
爾時 地藏菩薩 白聖母言

남염부제 죄보명호 여시
南閻浮提 罪報名號 如是

약유중생 불효부모 혹지살생 당
若有衆生 不孝父母 或至殺生 當

타무간지옥 천만억겁 구출무기
墮無間地獄 千萬億劫 求出無期

약유중생 출불신혈 훼방삼보 불
若有衆生 出佛身血 毁謗三寶 不

경존경 역당타어무간지옥 천만억
敬尊經 亦當墮於無間地獄 千萬億

겁 구출무기
劫 求出無期

약유중생 침손상주 점오승니 혹
若有衆生 侵損常住 點汚僧尼 或

가람내 자행음욕 혹살혹해 여시
伽藍內 恣行淫慾 或殺或害 如是

등배 당타무간지옥 천만억겁 구
等輩 當墮無間地獄 千萬億劫 求

출무기
出無期

약유중생 위작사문 심비사문 파
若有衆生 僞作沙門 心非沙門 破

용상주 기광백의 위배계율 종종
用常住 欺誑白衣 違背戒律 種種

조악 여시등배 당타무간지옥 천
造惡 如是等輩 當墮無間地獄 千

만억겁 구출무기
萬億劫 求出無期

약유중생 투절상주 재물곡미 음
若有衆生 偸竊常住 財物穀米 飮

식의복 내지 일물 불여취자 당타
食衣服 乃至 一物 不與取者 當墮

무간지옥 천만억겁 구출무기
無間地獄 千萬億劫 求出無期

지장백언
地藏白言

성모 약유중생 작여시죄 당타오
聖母 若有衆生 作如是罪 當墮五

무 간 지 옥　구 잠 정 고　일 념 부 득
無間地獄 求暫停苦 一念不得

마 야 부 인　중 백 지 장 보 살 언　운 하 명
摩耶夫人 重白地藏菩薩言: 云何名

위 무 간 지 옥
爲無間地獄

지 장 백 언
地藏白言

성 모　제 유 지 옥　재 대 철 위 산 지 내
聖母 諸有地獄 在大鐵圍山之內

기 대 지 옥　유 일 십 팔 소　차 유 오 백
其大地獄 有一十八所 次有五百

명 호 각 별　차 유 천 백　명 자 각 별
名號各別 次有千百 名字各別

무 간 옥 자　기 옥 성　주 잡 팔 만 여 리
無間獄者 其獄城 周匝八萬餘里

기 성 순 철　고 일 만 리　성 상 화 취　소
其城純鐵 高一萬里 城上火聚 少

유 공 결　기 옥 성 중　제 옥 상 련　명 호
有空缺 其獄城中 諸獄相連 名號

각 별　독 유 일 옥　명 왈 무 간　기 옥　주
各別 獨有一獄 名曰無間 其獄 周

잡 만 팔 천 리   옥 장 고 일 천 리   실 시 철
匝萬八千里 獄墻高一千里 悉是鐵

위   상 화 철 하   하 화 철 상   철 사 철 구
爲 上火徹下 下火徹上 鐵蛇鐵狗

토 화 치 축   옥 장 지 상   동 서 이 주   옥
吐火馳逐 獄墻之上 東西而走 獄

중 유 상   변 만 만 리   일 인 수 죄   자 견
中有床 遍滿萬里 一人受罪 自見

기 신   변 와 만 상   천 만 인 수 죄   역 각
其身 遍臥滿床 千萬人受罪 亦各

자 견 신   만 상 상   중 업 소 감   획 보 여
自見身 滿床上 衆業所感 獲報如

시
是

우 제 죄 인   비 수 중 고   천 백 야 차   급
又諸罪人 備受衆苦 千百夜叉 及

이 악 귀   구 아 여 검   안 여 전 광   수 부
以惡鬼 口牙如劍 眼如電光 手復

동 조   추 장 좌 참   부 유 야 차   집 대 철
銅爪 抽腸剉斬 復有夜叉 執大鐵

극   중 죄 인 신   혹 중 구 비   혹 중 복 배
戟 中罪人身 或中口鼻 或中復背

포공번접 혹치상상
抛空翻接 或置床上

부유철응 담죄인목 부유철사 격
復有鐵鷹 啗罪人目 復有鐵蛇 繳

죄인경 백지절내 실하장정 발설
罪人頸 百肢節内 悉下長釘 拔舌

경리 타예죄인 양동관구 열철전
耕犁 拖拽罪人 洋銅灌口 熱鐵纏

신 만사만생 업감여시 동경억겁
身 萬死萬生 業感如是 動經億劫

구출무기
求出無期

차계괴시 기생타계 타계차괴 전
此界壞時 寄生他界 他界次壞 轉

기타방 타방괴시 전전상기 차계
寄他方 他方壞時 展轉相寄 此界

성후 환부이래 무간죄보 기사여
成後 還復而來 無間罪報 其事如

시
是

우 오사업감 고칭무간 하등위오
又 五事業感 故稱無間 何等爲五

일자 일야수죄 이지겁수 무시간
一者 日夜受罪 以至劫數 無時間

절 고칭무간
絶 故稱無間

이자 일인 역만 다인 역만 고칭무
二者 一人 亦滿 多人 亦滿 故稱無

간
間

삼자 죄기철봉 응사낭견 대마거
三者 罪器鐵棒 鷹蛇狼犬 碓磨鋸

착 좌작확탕 철망철승 철려철마
鑿 剉斫鑊湯 鐵網鐵繩 鐵驢鐵馬

생혁 낙수 열철 요신 기탄철환 갈
生革 絡首 熱鐵 澆身 飢呑鐵丸 渴

음철즙 종년경겁 수나유타 고초
飮鐵汁 終年竟劫 數那由他 苦楚

상련 갱무간단 고칭무간
相連 更無間斷 故稱無間

사자 불문남자여인 강호이적 노
四者 不問男子女人 羌胡夷狄 老

유귀천 혹용혹신 혹천혹귀 죄행
幼貴賤 或龍或神 或天或鬼 罪行

업감 실동수지 고칭무간
業感 悉同受之 故稱無間

오자 약타차옥 종초입시 지백천
五者 若墮此獄 從初入時 至百千

겁 일일일야 만사만생 구일념간
劫 一日一夜 萬死萬生 求一念間

잠주부득 제비업진 방득수생 이
暫住不得 除非業盡 方得受生 以

차연면 고칭무간
此連綿 故稱無間

지장보살 백성모언
地藏菩薩 白聖母言

무간지옥 조설여시 약광설지옥죄
無間地獄 粗說如是 若廣說地獄罪

기등명 급제고사 일겁지중 구설
器等名 及諸苦事 一劫之中 求說

부진
不盡

마야부인 문이 수우합장 정례이
摩耶夫人 聞已 愁憂合掌 頂禮而

퇴
退

염 부 중 생 업 감 품 제 사
○ 閻浮衆生業感品 第四

이시 지장보살마하살 백불언
爾時 地藏菩薩摩訶薩 白佛言

세존 아승불여래위신력고 편백천
世尊 我承佛如來威神力故 遍百千

만억세계 분시신형 구발일체업보
萬億世界 分是身形 救拔一切業報

중생 약비여래대자력고 즉불능작
衆生 若非如來大慈力故 卽不能作

여시변화 아금 우 몽불부촉 지아
如是變化 我今 又 蒙佛付囑 至阿

일다성불이래 육도중생 견령해탈
逸多成佛已來 六道衆生 遣令解脫

유원 세존 원불유려
唯願 世尊 願不有慮

이시 불고지장보살
爾時 佛告地藏菩薩

일체중생 미해탈자 성식무정 악
一切衆生 未解脫者 性識無定 惡

습결업 선습결과 위선위악 축경
習結業 善習結果 爲善爲惡 逐境

이생 윤전오도 잠무휴식 동경진
而生 輪轉五道 暫無休息 動經塵

겁 미혹장난 여어유망 장시장류
劫 迷惑障難 如魚遊網 將是長流

탈입잠출 우부조망
脫入暫出 又復遭網

이시등배 오당우념 여기필시왕원
以是等輩 吾當憂念 汝旣畢是往願

누겁중서 광도죄배 오부하려
累劫重誓 廣度罪輩 吾復何慮

설시어시 회중유일보살마하살 명
說是語時 會中有一菩薩摩訶薩 名

정자재왕 백불언
定自在王 白佛言

세존 지장보살 누겁이래 각발하
世尊 地藏菩薩 累劫以來 各發何

원 금몽세존 은근찬탄 유원세존
願 今蒙世尊 慇懃讚歎 唯願世尊

약이설지
略而說之

이시 세존고정자재왕보살
爾時 世尊告定自在王菩薩

제청제청 선사념지 오당위여 분
諦聽諦聽 善思念之 吾當爲汝 分

별해설
別解說

내왕과거 무량아승기 나유타 불
乃往過去 無量阿僧祇 那由他 不

가설겁 이시유불 호일체지성취여
可說劫 爾時有佛 號一切智成就如

래 응공 정변지 명행족 선서 세간
來 應供 正遍智 明行足 善逝 世間

해 무상사 조어장부 천인사 불 세
解 無上士 調御丈夫 天人師 佛 世

존
尊

기불수명 육만겁
其佛壽命 六萬劫

미출가시 위소국왕 여일인국왕
未出家時 爲小國王 與一隣國王

위우 동행십선 요익중생 기인국
爲友 同行十善 饒益衆生 其隣國

내 소유인민 다조중악 이왕의계
內 所有人民 多造衆惡 二王議計

광설방편
廣設方便

일왕발원 조성불도 당도시배 영
一王發願 早成佛道 當度是輩 令

사무여 일왕발원 약불선도죄고
使無餘 一王發願 若不先度罪苦

영시안락 득지보리 아종미원성불
令是安樂 得至菩提 我終未願成佛

불고정자재왕보살
佛告定自在王菩薩

일왕발원 조성불자 즉일체지성취
一王發願 早成佛者 卽一切智成就

여래시 일왕발원 영도죄고중생
如來是 一王發願 永度罪苦衆生

미원성불자 즉지장보살시
未願成佛者 卽地藏菩薩是

부어과거무량아승기겁 유불출세
復於過去無量阿僧祇劫 有佛出世

명청정연화목여래 기불수명 사십
名淸淨蓮華目如來 其佛壽命 四十

겁
劫

상법지중 유일나한 복도중생 인
像法之中 有一羅漢 福度衆生 因

차교화 우일여인 자왈광목 설식
次敎化 遇一女人 字曰光目 設食

공양
供養

나한문지 욕원하등
羅漢問之: 欲願何等

광목답언 아이모망지일 자복구발
光目答言: 我以母亡之日 資福救拔

미지아모 생처하취
未知我母 生處何趣

나한민지 위입정관 견광목여모
羅漢愍之 爲入定觀 見光目女母

타재악취 수극대고
墮在惡趣 受極大苦

나한 문광목언
羅漢 問光目言

여모재생 작하행업 금재악취 수
汝母在生 作何行業 今在惡趣 受

극대고
極大苦

광 목 답 왈
光目答曰

아 모 소 습 유 호 식 담 어 별 지 속 소
我母所習 唯好食啗 魚鼈之屬 所

식 어 별 다 식 기 자 혹 초 혹 자 자 정
食魚鼈 多食其子 或炒或煮 恣情

식 담 계 기 명 수 천 만 부 배 존 자 자
食啗 計其命數 千萬復倍 尊者 慈

민 여 하 애 구
愍 如何哀救

나 한 민 지 위 작 방 편 권 광 목 언
羅漢愍之 爲作方便 勸光目言

여 가 지 성 염 청 정 연 화 목 여 래 겸
汝可志誠 念清淨蓮華目如來 兼

소 화 형 상 존 망 획 보
塑畵形像 存亡 獲報

광 목 문 이 즉 사 소 애 심 화 불 상 이
光目聞已 卽捨所愛 尋畵佛像 而

공 양 지 부 공 경 심 비 읍 첨 례 홀 어
供養之 復恭敬心 悲泣瞻禮 忽於

야 후 몽 견 불 신 금 색 황 요 여 수 미
夜後 夢見佛身 金色晃耀 如須彌

산 방대광명 이고광목
山 放大光明 而告光目

여모불구 당생여가 자각기한 즉
汝母不久 當生汝家 纔覺飢寒 卽

당언설
當言說

기후가내 비생일자 미만삼일 이
其後家內 婢生一子 未滿三日 而

내언설 계수비읍 고어광목
乃言說 稽首悲泣 告於光目

생사업연과보자수 오시여모 구처
生死業緣果報自受 吾是汝母 久處

암명 자별여거 누타대지옥 금몽
暗冥 自別汝去 累墮大地獄 今蒙

복력 방득수생 위하천인 우부단
福力 方得受生 爲下賤人 又復短

명 수년십삼 갱낙악도 여유하계
命 壽年十三 更落惡道 汝有何計

영오탈면
令吾脫免

광목문설 지모무의 경연비제 이
光目聞說 知母無疑 哽咽悲啼 而

백 비 자
白婢子

기 시 아 모 합 지 본 죄 작 하 행 업 타
旣是我母 合知本罪 作何行業 墮

어 악 도
於惡道

비 자 답 언
婢子答言

이 살 생 훼 매 이 업 수 보 약 비 몽 복 구
以殺生毁罵二業受報 若非蒙福 救

발 오 난 이 시 업 고 미 합 해 탈
拔吾難 以是業故 未合解脫

광 목 문 언 지 옥 죄 보 기 사 운 하
光目問言: 地獄罪報 其事云何

비 자 답 언 죄 고 지 사 불 인 칭 설
婢子答言: 罪苦之事 不忍稱說

백 천 세 중 졸 백 난 경
百千歲中 卒白難竟

광 목 문 이 체 루 호 읍 이 백 공 계
光目聞已 啼淚號泣 而白空界

원 아 지 모 영 탈 지 옥 필 십 삼 세 갱
願我之母 永脫地獄 畢十三歲 更

무중죄 급역악도
無重罪 及歷惡道

시방제불 자애민아 청아위모 소
十方諸佛 慈哀愍我 聽我爲母 所

발광대서원
發廣大誓願

약득아모영리삼도 급사하천 내지
若得我母永離三途 及斯下賤 乃至

여인지신 영겁불수자 원아자금일
女人之身 永劫不受者 願我自今日

후 대청정연화목여래상전 각후
後 對清淨蓮華目如來像前 却後

백천만억겁중 응유세계 소유지옥
百千萬億劫中 應有世界 所有地獄

급삼악도제죄고중생 서원구발 영
及三惡道諸罪苦衆生 誓願救拔 令

리지옥악취축생아귀등 여시죄보
離地獄惡趣畜生餓鬼等 如是罪報

등인 진성불경 연후 아방성정각
等人 盡成佛竟 然後 我方成正覺

발서원이 구문청정연화목여래지
發誓願已 具聞清淨蓮華目如來之

설 이고지왈
說 而告之曰

광목 여대자민 선능위모 발여시
光目 汝大慈愍 善能爲母 發如是

대원 오관 여모 십삼세필 사차보
大願 吾觀 汝母 十三歲畢 捨此報

이 생위범지 수년백세 과시보후
已 生爲梵志 壽年百歲 過是報後

당생무우국토 수명불가계겁 후성
當生無憂國土 壽命不可計劫 後成

불과 광도인천 수여항하사
佛果 廣度人天 數如恒河沙

불고정자재왕
佛告定自在王

이시 나한 복도광목자 즉무진의
爾時 羅漢 福度光目者 卽無盡意

보살시 광목모자 즉해탈보살시
菩薩是 光目母者 卽解脫菩薩是

광목여자 즉지장보살시 과거구원
光目女者 卽地藏菩薩是 過去久遠

겁중 여시자민 발항하사원 광도
劫中 如是慈愍 發恒河沙願 廣度

중생 미래세중 약유남자여인 불
衆生 未來世中 若有男子女人 不

행선자 행악자 내지불신인과자
行善者 行惡者 乃至不信因果者

사음망어자 양설악구자 훼방대승
邪淫妄語者 兩舌惡口者 毁謗大乘

자 여시제업중생 필타악취 약우
者 如是諸業衆生 必墮惡趣 若遇

선지식 권령일탄지간 귀의지장보
善知識 勸令一彈指間 歸依地藏菩

살 시제중생 즉득해탈삼악도보
薩 是諸衆生 卽得解脫三惡道報

약능지심귀경 급첨례찬탄 향화의
若能至心歸敬 及瞻禮讚嘆 香華衣

복 종종진보 혹부음식 여시봉사
服 種種珍寶 或復飮食 如是奉事

자 미래백천만억겁중 상재제천
者 未來百千萬億劫中 常在諸天

수승묘락 약천복진 하생인간 유
受勝妙樂 若天福盡 下生人間 猶

백천겁 상위제왕 능억 숙명인과
百千劫 常爲帝王 能憶 宿命因果

본말
本末

정자재왕 여시지장보살 유여차불
定自在王 如是地藏菩薩 有如此不

가사의대위신력 광리중생 여등제
可思議大威神力 廣利衆生 汝等諸

보살 당기시경 광선유포
菩薩 當記是經 廣宣流布

정자재왕 백불언
定自在王 白佛言

세존 원불유려 아등천만억보살마
世尊 願不有慮 我等千萬億菩薩摩

하살 필능승불위신 광연시경 어
訶薩 必能承佛威神 廣演是經 於

염부제 이익중생
閻浮提 利益衆生

정자재왕보살 백세존이 합장공경
定自在王菩薩 白世尊已 合掌恭敬

작례이퇴
作禮而退

이시 사방천왕 구종좌기 합장공
爾時 四方天王 俱從座起 合掌恭

경 백불언
敬 白佛言

세존 지장보살 어구원겁래 발여
世尊 地藏菩薩 於久遠劫來 發如

시대원 운하지금 유도미절 갱발
是大願 云何至今 猶度未絶 更發

광대서원 유원세존 위아등설
廣大誓願 唯願世尊 爲我等說

불고사천왕
佛告四天王

선재 선재 오금 위여급미래현재
善哉 善哉 吾今 爲汝及未來現在

천인중등 광이익고 설지장보살
天人衆等 廣利益故 說地藏菩薩

어사바세계 염부제내 생사도중
於娑婆世界 閻浮提內 生死道中

자애구발 도탈일체죄고중생 방편
慈哀救拔 度脫一切罪苦衆生 方便

지사
之事

사천왕언 유연 세존 원요욕문
四天王言: 唯然 世尊 願樂欲聞

불고사천왕
佛告四天王

지장보살 구원겁래 흘지우금 도
地藏菩薩 久遠劫來 迄至于今 度

탈중생 유미필원 자민차세죄고중
脫衆生 猶未畢願 慈愍此世罪苦衆

생 부관미래 무량겁중 인만부단
生 復觀未來 無量劫中 因蔓不斷

이시지고 우발중원 여시보살 어
以是之故 又發重願 如是菩薩 於

사바세계 염부제중 백천만억방편
娑婆世界 閻浮提中 百千萬億方便

이위교화 사천왕 지장보살
而爲教化 四天王 地藏菩薩

약우살생자 설숙앙단명보
若遇殺生者 說宿殃短命報

약우절도자 설빈궁고초보
若遇竊盜者 說貧窮苦楚報

약우사음자 설작합원앙보
若遇邪淫者 說雀鴿鴛鴦報

약우악구자 설권속투쟁보
若遇惡口者 說眷屬鬪諍報

약 우 훼 방 자 설 무 설 창 구 보
若遇毁謗者 說無舌瘡口報

약 우 진 에 자 설 추 루 융 잔 보
若遇瞋恚者 說醜陋癃殘報

약 우 간 린 자 설 소 구 위 원 보
若遇慳悋者 說所求違願報

약 우 음 식 무 도 자 설 기 갈 인 병 보
若遇飮食無度者 說飢渴咽病報

약 우 전 렵 자 정 자 설 경 광 상 명 보
若遇畋獵恣情者 說驚狂喪命報

약 우 패 역 부 모 자 설 천 지 재 살 보
若遇悖逆父母者 說天地災殺報

약 우 소 산 림 목 자 설 광 미 취 사 보
若遇燒山林木者 說狂迷取死報

약 우 전 후 부 모 악 독 자 설 반 생 편
若遇前後父母惡毒者 說返生鞭

달 현 수 보
撻現受報

약 우 망 포 생 추 자 설 골 육 분 리 보
若遇網捕生雛者 說骨肉分離報

약 우 훼 방 삼 보 자 설 맹 농 음 아 보
若遇毁謗三寶者 說盲聾瘖瘂報

약 우 경 법 만 교 자　설 영 처 악 도 보
若遇輕法慢教者 說永處惡道報

약 우 파 용 상 주 자　설 억 겁 윤 회 지
若遇破用常住者 說億劫輪廻地

옥 보
獄報

약 우 오 범 무 승 자　설 영 재 축 생 보
若遇汚梵誣僧者 說永在畜生報

약 우 탕 화 참 작 상 생 자　설 윤 회 체
若遇湯火斬斫傷生者 說輪廻遞

상 보
償報

약 우 파 계 범 재 자　설 금 수 기 아 보
若遇破戒犯齋者 說禽獸飢餓報

약 우 비 리 훼 용 자　설 소 구 궐 절 보
若遇非理毁用者 說所求闕絶報

약 우 아 만 공 고 자　설 비 사 하 천 보
若遇我慢貢高者 說卑使下賤報

약 우 양 설 투 란 자　설 무 설 백 설 보
若遇兩舌鬪亂者 說無舌百舌報

약 우 사 견 자　설 변 지 수 생 보
若遇邪見者 說邊地受生報

여시등염부제중생 신구의업 악습
如是等閻浮提衆生 身口意業 惡習

결과 백천보응 금조약설 여시등
結果 百千報應 今粗略說 如是等

염부제중생 업감차별 지장보살
閻浮提衆生 業感差別 地藏菩薩

백천방편 이교화지 시제중생 선
百千方便 而教化之 是諸衆生 先

수여시등보 후타지옥 동경겁수
受如是等報 後墮地獄 動經劫數

무유출기 시고 여등 호인호국 무
無有出期 是故 汝等 護人護國 無

령시제중업 미혹중생
令是諸衆業 迷惑衆生

사천왕문이 체루비탄 합장이퇴
四天王聞已 涕淚悲歎 合掌而退

지옥명호품 제오
○地獄名號品 第五

이시 보현보살마하살 백지장보살
爾時 普賢菩薩摩訶薩 白地藏菩薩

언 인자 원위천룡팔부 급미래현
言: 仁者 願爲天龍八部 及未來現

재일체중생 설 사바세계 급염부
在一切衆生 說 娑婆世界 及閻浮

제죄고중생 소수보처 지옥명호
提罪苦衆生 所受報處 地獄名號

급악보등사 사미래세말법중생 지
及惡報等事 使未來世末法衆生 知

시과보
是果報

지장답언 인자 아금 승불위신 급
地藏答言: 仁者 我今 承佛威神 及

대사지력 약설지옥명호 급죄보지
大士之力 略說地獄名號 及罪報之

사
事

인자 염부제 동방유산 호왈철위
仁者 閻浮提 東方有山 號曰鐵圍

기산흑수 무일월광 유대지옥 호
其山黑邃 無日月光 有大地獄 號

극무간 우유지옥 명대아비 부유
極無間 又有地獄 名大阿鼻 復有

지옥 명왈사각 부유지옥 명왈비
地獄 名曰四角 復有地獄 名曰飛

도 부유지옥 명왈화전 부유지옥
刀 復有地獄 名曰火箭 復有地獄

명왈협산 부유지옥 명왈통창 부
名曰夾山 復有地獄 名曰通槍 復

유지옥 명왈철거 부유지옥 명왈
有地獄 名曰鐵車 復有地獄 名曰

철상 부유지옥 명왈철우 부유지
鐵床 復有地獄 名曰鐵牛 復有地

옥 명왈철의 부유지옥 명왈천인
獄 名曰鐵衣 復有地獄 名曰千刃

부유지옥 명왈철려 부유지옥 명
復有地獄 名曰鐵驢 復有地獄 名

왈양동 부유지옥 명왈포주 부유
曰洋銅 復有地獄 名曰抱柱 復有

지옥 명왈유화 부유지옥 명왈경
地獄 名曰流火 復有地獄 名曰耕

설 부유지옥 명왈좌수 부유지옥
舌 復有地獄 名曰剉首 復有地獄

명왈소각 부유지옥 명왈담안 부
名曰燒脚 復有地獄 名曰啗眼 復

유 지 옥 명왈철환 부유지옥 명왈
有地獄 名曰鐵丸 復有地獄 名曰

쟁론 부유지옥 명왈철부 부유지
諍論 復有地獄 名曰鐵鈇 復有地

옥 명왈다진
獄 名曰多瞋

지장보살 우언 인자 철위지내 유
地藏菩薩 又言: 仁者 鐵圍之內 有

여시등지옥 기수무한
如是等地獄 其數無限

갱유규환지옥 발설지옥 분뇨지옥
更有叫喚地獄 拔舌地獄 糞尿地獄

동쇄지옥 화상지옥 화구지옥 화
銅鎖地獄 火象地獄 火拘地獄 火

마지옥 화우지옥 화산지옥 화석
馬地獄 火牛地獄 火山地獄 火石

지옥 화상지옥 화량지옥 화응지
地獄 火床地獄 火梁地獄 火鷹地

옥 거아지옥 박피지옥 음혈지옥
獄 鋸牙地獄 剝皮地獄 飮血地獄

소수지옥 소각지옥 도자지옥 화
燒手地獄 燒脚地獄 倒刺地獄 火

옥지옥 철옥지옥 화랑지옥
屋地獄 鐵屋地獄 火狼地獄

여시등지옥 기중 각각부유제소지
如是等地獄 其中 各各復有諸小地

옥 혹일혹이 혹삼혹사 내지백천
獄 或一或二 或三或四 乃至百千

기중명호 각각부동
其中名號 各各不同

지장보살 고보현보살언
地藏菩薩 告普賢菩薩言

인자 차등 개시남염부제행악중생
仁者 此等 皆是南閻浮提行惡衆生

업감 여시 업력심대 능적수미 능
業感 如是 業力甚大 能敵須彌 能

심거해 능장성도 시고 중생 막경
深巨海 能障聖道 是故 衆生 莫輕

소악 이위무죄 사후유보 섬호수
小惡 以爲無罪 死後有報 纖毫受

지 부자지친 기로각별 종연상봉
之 父子至親 岐路各別 縱然相逢

무긍대수 아금 승불위력 약설지
無肯代受 我今 承佛威力 略說地

옥죄보지사 유원인자 잠청시언
獄罪報之事 唯願仁者 暫聽是言

보현보살답언 오수구지삼악도보
保賢菩薩答言: 吾雖久知三惡道報

망인자설 영후세말법 일체악행중
望仁者說 令後世末法 一切惡行衆

생 문인자설 사령귀향불법
生 聞仁者說 使令歸向佛法

지장보살백언 인자 지옥죄보 기
地藏菩薩白言: 仁者 地獄罪報 其

사여시
事如是

혹유지옥 취죄인설 사우경지 혹
或有地獄 取罪人舌 使牛耕之 或

유지옥 취죄인심 야차식지 혹유
有地獄 取罪人心 夜叉食之 或有

지옥 확탕성비 자죄인신 혹유지
地獄 鑊湯盛沸 煮罪人身 或有地

옥 적소동주 사죄인포 혹유지옥
獄 赤燒銅柱 使罪人抱 或有地獄

비맹화취 진급죄인 혹유지옥 일
飛猛火聚 趁及罪人 或有地獄 一

향한빙 혹유지옥 무한분뇨 혹유
向寒氷 或有地獄 無限糞尿 或有

지옥 비철질려 혹유지옥 다찬화
地獄 飛鐵鑕鑗 或有地獄 多攢火

창 혹유지옥 유당흉배 혹유지옥
槍 或有地獄 唯撞胸背 或有地獄

단소수족 혹유지옥 반교철사 혹
但燒手足 或有地獄 盤繳鐵蛇 或

유지옥 구축철구 혹유지옥 진가
有地獄 驅逐鐵狗 或有地獄 盡駕

철라
鐵騾

인자 여시등보 각각옥중 유백천
仁者 如是等報 各各獄中 有百千

종 업도지기 무비시동시철 시석
種 業道之器 無非是銅是鐵 是石

시화 차사종물 중업행감 약광설
是火 此四種物 衆業行感 若廣說

지옥죄보등사 일일옥중 갱유백천
地獄罪報等事 一一獄中 更有百千

종고초 하황다옥
種苦楚 何況多獄

아금 승불위신 급인자문 약설여
我今 承佛威神 及仁者問 略說如

시 약광해설 궁겁부진
是 若廣解說 窮劫不盡

여래찬탄품 제육
○如來讚歎品 第六

이시 세존 거신방대광명 변조
爾時 世尊 擧身放大光明 遍照

백천억 항하사등제불세계 출대음
百千億 恒河沙等諸佛世界 出大音

성 보고제불세계일체제보살마하
聲 普告諸佛世界一切諸菩薩摩訶

살 급 천룡귀신 인비인등
薩 及 天龍鬼神 人非人等

청 오금일 칭양찬탄지장보살마하
聽 吾今日 稱揚讚歎地藏菩薩摩訶

살 어시방세계 현대불가사의위신
薩 於十方世界 現大不可思議威神

자비지력 구호일체죄고지사 오멸
慈悲之力 救護一切罪苦之事 吾滅

도후 여등제보살대사 급 천룡귀
度後 汝等諸菩薩大士 及 天龍鬼

신등 광작방편 위호시경 영일체
神等 廣作方便 衛護是經 令一切

중생 이일체고 증열반락
衆生 離一切苦 證涅槃樂

설시어이 회중 유일보살 명왈보
說是語已 會中 有一菩薩 名曰普

광 합장공경 이백불언
廣 合掌恭敬 而白佛言

금견세존 찬탄지장보살 유여시불
今見世尊 讚歎地藏菩薩 有如是不

가사의 대위신력 유원세존 위미
可思議 大威神力 唯願世尊 爲未

래세 말법중생 선설지장보살 이
來世 末法衆生 宣說地藏菩薩 利

익인천 인과등사 사제천룡팔부
益人天 因果等事 使諸天龍八部

급미래세중생 정수불어
及未來世衆生 頂受佛語

이시 세존고보광보살급사중등
爾時 世尊告普廣菩薩及四衆等

제청제청 오당위여 약설지장보살
諦聽諦聽 吾當爲汝 略說地藏菩薩

이익인천복덕지사
利益人天福德之事

보광백언 유연 세존 원요욕문
普廣白言: 唯然 世尊 願樂欲聞

불고보광보살
佛告普廣菩薩

미래세중 약유선남자선여인 문시
未來世中 若有善男子善女人 聞是

지장보살마하살명자 혹합장자 찬
地藏菩薩摩訶薩名者 或合掌者 讚

탄자 작례자 연모자 시인 초월
歎者 作禮者 戀慕者 是人 超越

삼십겁죄
三十劫罪

보광 약유선남자선여인 혹채화형
普廣 若有善男子善女人 或彩畫形

상 혹 토 석 교 칠 금 은 동 철
像 或 土 石 膠 漆 金 銀 銅 鐵

작차보살 일첨일례자 시인 백반
作此菩薩 一瞻一禮者 是人 百返

생어삼십삼천 영불타어악도 가여
生於三十三天 永不墮於惡道 假如

천복진고 하생인간 유위국왕 부
天福盡故 下生人間 猶爲國王 不

실대리
失大利

약유여인 염여인신 진심공양지장
若有女人 厭女人身 盡心供養地藏

보살화상 급토석교칠동철등상 여
菩薩畵像 及土石膠漆銅鐵等像 如

시일일불퇴 상이화향음식 의복증
是日日不退 常以華香飮食 衣服繒

채 당번전보등물 공양 시선여인
綵 幢幡錢寶等物 供養 是善女人

진차일보여신 백천만겁 갱불생
盡此一報女身 百千萬劫 更不生

유여인세계 하황부수여신 제비
有女人世界 何況復受女身 除非

자원력고 요수여신 도탈중생 승
慈願力故 要受女身 度脫衆生 承

사공양지장보살지력 급공덕력고
斯供養地藏菩薩之力 及功德力故

백천만겁 갱불부수여인지신
百千萬劫 更不復受女人之身

부차 보광보살 약유여인 염시추
復次 普廣菩薩 若有女人 厭是醜

루 다질병자 단어지장보살상전
陋 多疾病者 但於地藏菩薩像前

지심첨례 식경지간 시인 천만겁
至心瞻禮 食頃之間 是人 千萬劫

중 소수생신 상모원만 무제질병
中 所受生身 相貌圓滿 無諸疾病

시추루여인 여불염시여신 즉백천
是醜陋女人 如不厭是女身 卽百千

만억겁중 상위왕녀 내급왕비 재
萬億劫中 常爲王女 乃及王妃 宰

보대성대장자녀 단정수생 제상원
輔大姓大長者女 端正受生 諸相圓

만 유지심고 첨례지장보살 획복
滿 由至心故 瞻禮地藏菩薩 獲福

여시
如是

부차 보광 약유선남자 선여인 능
復次 普廣 若有善男子 善女人 能

대지장보살상전 작제기악 가영찬
對地藏菩薩像前 作諸伎樂 歌詠讚

탄 향화공양 내지권어 인다인
歎 香華供養 乃至勸於一人多人

여시등배 현재세중 급미래세 상
如是等輩 現在世中 及未來世 常

득백천귀신 일야위호 불영악사
得百千鬼神 日夜衛護 不令惡事

첩문어이 하황친수제횡
輒聞於耳 何況親受諸橫

부차 보광보살 미래세중 약유악
復次 普廣菩薩 未來世中 若有惡

인 급악신악귀 견유선남자 선여
人 及惡神惡鬼 見有善男子 善女

인 귀경 공양 찬탄 첨례 지장보살
人 歸敬 供養 讚歎 瞻禮 地藏菩薩

형상 혹망생기훼 방무공덕 급이
形像 或妄生譏毀 謗無功德 及利

익사 혹노치소 혹배면비 혹권인
益事 或露齒笑 或背面非 或勸人

공비 혹일인비 혹다인비 내지일
共非 或一人非 或多人非 乃至一

념 생기훼자 여시지인 지현겁천
念 生譏毀者 如是之人 至賢劫千

불멸도지후 기훼죄보 상재아비지
佛滅度之後 譏毀罪報 尙在阿鼻地

옥 수극중죄
獄 受極重罪

과시겁이 방수아귀 우경천겁 부
過是劫已 方受餓鬼 又經千劫 復

수축생 우경천겁 방득인신 종수
受畜生 又經千劫 方得人身 縱受

인신 빈궁하천 제근불구 다피악
人身 貧窮下賤 諸根不具 多被惡

업 내결기신 불구지간 부타악도
業 來結其身 不久之間 復墮惡道

시고 보광 기훼타인공양 상획차
是故 普廣 譏毀他人供養 尙獲此

보 하황별생악견훼멸
報 何況別生惡見毀滅

부차 보광보살 약미래세 유남자
復次 普廣菩薩 若未來世 有男子

여인 구환상침 구생구사 요불가
女人 久患牀枕 求生求死 了不可

득 혹야몽 악귀내급가친 혹유험
得 或夜夢 惡鬼乃及家親 或遊險

도 혹다염매 공귀신유 일월세심
道 或多魘魅 共鬼神遊 日月歲深

전부왕채 수중규환 참처불락자
轉復尫瘵 睡中叫喚 慘悽不樂者

차개시업 도논대미정경중 혹난사
此皆是業 道論對未定輕重 或難捨

수 혹부득유 남녀속안 불변시사
壽 或不得愈 男女俗眼 不辨是事

단당대제불보살상전 고성전독차
但當對諸佛菩薩像前 高聲轉讀此

경일변 혹취병인 가애지물 혹의
經一遍 或取病人 可愛之物 或衣

복보패 장원사택 대병인전 고성
服寶貝 莊園舍宅 對病人前 高聲

창언
唱言

아모갑등 위시병인 대경상전 사
我某甲等 爲是病人 對經像前 捨

제물등 혹공양경상 혹조불보살형
諸物等 或供養經像 或造佛菩薩形

상 혹조탑사 혹연유등 혹시상주
像 或造塔寺 或然油燈 或施常住

여시삼백병인 견령문지 가사제식
如是三白病人 遣令聞知 假使諸識

분산 지기진자 일일 이일 삼일 내
分散 至氣盡者 一日 二日 三日 乃

지칠일 단고성백사 고성독경 시
至七日 但高聲白事 高聲讀經 是

인 명종지후 숙앙중죄 지우오무
人 命終之後 宿殃重罪 至于五無

간죄 영득해탈 소수생처 상지숙
間罪 永得解脫 所受生處 常知宿

명 하황선남자선여인 자서차경
命 何況善男子善女人 自書此經

혹교인서 혹자소화보살형상 내지
或教人書 或自塑畵菩薩形像 乃至

교인소화 소수과보 필획대리
教人塑畵 所受果報 必獲大利

시고 보광 약견유인 독송시경 내
是故 普廣 若見有人 讀誦是經 乃

지일념 찬탄시경 혹공경시경자
至一念 讚歎是經 或恭敬是經者

여수백천방편 권시등인 근심막퇴
汝須百千方便 勸是等人 勤心莫退

능득미래현재 백천만억불가사의
能得未來現在 百千萬億不可思議

공덕
功德

부차 보광보살 약미래세계 제중
復次 普廣菩薩 若未來世界 諸衆

생등 혹몽혹매 견제귀신 내급제
生等 或夢或寐 見諸鬼神 乃及諸

형 혹비혹제 혹수혹탄 혹공혹포
形 或悲或啼 或愁或歎 或恐或怖

차개시일생십생 백생천생 과거부
此皆是一生十生 百生千生 過去父

모 남녀제매 부처권속 재어악취
母 男女弟妹 夫妻眷屬 在於惡趣

미득출리 무처희망복력 구발고뇌
未得出離 無處希望福力 救拔苦惱

당고숙세골육 사작방편 원리악도
當告宿世骨肉 使作方便 願離惡道

보광 여이신력 견시권속 영대제
普廣 汝以神力 遣是眷屬 令對諸

불보살상전 지심자독차경 혹청인
佛菩薩像前 至心自讀此經 或請人

독 기수삼편 혹지칠편 여시악도
讀 其數三遍 或至七遍 如是惡道

권속 경성 필시변수 당득해탈 내
眷屬 經聲 畢是遍數 當得解脫 乃

지몽매지중 영불부견
至夢寐之中 永不復見

부차 보광 약미래세 유제하천등
復次 普廣 若未來世 有諸下賤等

인 혹노혹비 내지제부자유지인
人 或奴或婢 乃至諸不自由之人

각지숙업 요참회자 지심첨례지장
覺知宿業 要懺悔者 至心瞻禮地藏

보살형상 내어일칠일중 염보살명
菩薩形像 乃於一七日中 念菩薩名

가만만편 여시등인 진차보후 천
可滿萬遍 如是等人 盡此報後 千

만생중 상생존귀 갱불경력삼악도
萬生中 常生尊貴 更不經歷三惡道

고
苦

부차 보광 약미래세중 염부제내
復次 普廣 若未來世中 閻浮提內

찰리바라문장자거사 일체인등 급
刹利婆羅門長者居士 一切人等 及

이성종족 유신산자 혹남혹녀 칠
異姓種族 有新産者 或男或女 七

일지중 조여독송차불가사의경전
日之中 早與讀誦此不可思議經典

갱위염보살명호 가만만편 시신생
更爲念菩薩名號 可滿萬遍 是新生

자 혹남혹녀 숙유앙보 변득해탈
子 或男或女 宿有殃報 便得解脫

안락이양 수명증장 약시승복생자
安樂易養 壽命增長 若是承福生者

전증안락 급여수명
轉增安樂 及與壽命

부차 보광 약미래세중생 어월일
復次 普廣 若未來世衆生 於月一

일팔일 십사십오 십팔일 이십삼
日八日 十四十五 十八日 二十三

이십사 이십팔일 이십구 삼십일
二十四 二十八日 二十九 三十日

시 제 일 등 제 죄 결 집 정 기 경 중 남
是諸日等 諸罪結集 定其輕重 南

염 부 제 중 생 거 지 동 념 무 불 시 업
閻浮提衆生 擧止動念 無不是業

무 불 시 죄 하 황 자 정 살 생 절 도 사
無不是罪 何況恣情 殺生竊盜 邪

음 망 어 백 천 죄 상
淫妄語 百千罪狀

약 능 어 시 십 재 일 대 불 보 살 급 제 현
若能於是十齋日 對佛菩薩 及諸賢

성 상 전 전 독 시 경 일 편 동 서 남 북 백
聖像前 轉讀是經一遍 東西南北百

유 순 내 무 제 재 난 당 차 거 가 약 장
由旬內 無諸災難 當次居家 若長

약 유 현 재 미 래 백 천 세 중 영 리 악 취
若幼 現在未來百千歲中 永離惡趣

능 어 십 재 일 매 전 일 편 현 세 영 차
能於十齋日 每轉一遍 現世 令此

거 가 무 제 횡 병 의 식 풍 일
居家 無諸橫病 衣食豊溢

시 고 보 광 당 지 지 장 보 살 유 여 시
是故 普廣 當知 地藏菩薩 有如是

등 불 가 설 백 천 만 억　대 위 신 력　이 익
等不可說百千萬億 大威神力 利益

지 사　염 부 중 생　어 차 대 사　유 대 인
之事 閻浮衆生 於此大士 有大因

연　시 제 중 생　문 보 살 명　견 보 살 상
緣 是諸衆生 聞菩薩名 見菩薩像

내 지　문 시 경 삼 자 오 자　혹 일 게 일 구
乃至 聞是經三字五字 或一偈一句

자　현 재　수 묘 안 락　미 래 지 세　백 천
者 現在 殊妙安樂 未來之世 百千

만 생　상 득 단 정　생 존 귀 가
萬生 常得端正 生尊貴家

이 시　보 광 보 살　문 불 여 래　칭 양 찬
爾時 普廣菩薩 聞佛如來 稱揚讚

탄 지 장 보 살 이　호 궤 합 장　부 백 불 언
歎地藏菩薩已 胡跪合掌 復白佛言

세 존　아 구 지 시 대 사　유 여 차 불 가 사
世尊 我久知是大士 有如此不可思

의 신 력　급 대 서 원 력　위 미 래 중 생
議神力 及大誓願力 爲未來衆生

견 지 이 익　고 문 여 래　세 존　당 하 명
遣知利益 故問如來 世尊 當何名

차경 사아운하유포 유원정수
此經 使我云何流布 唯願頂受

불고보광
佛告普廣

차경 범유삼명 일명지장본원 역
此經 凡有三名 一名地藏本願 亦

명지장본행 역명지장본서력경
名地藏本行 亦名地藏本誓力經

연차보살 구원겁래 발중대원 이
緣此菩薩 久遠劫來 發重大願 利

익중생 시고 여등 의원유포
益衆生 是故 汝等 依願流布

보광보살 문이 신수 합장공경 작
普廣菩薩 聞已 信受 合掌恭敬 作

례이퇴
禮而退

이익존망품 제칠
○利益存亡品 第七

이시 지장보살마하살 백불언
爾時 地藏菩薩摩訶薩 白佛言

세존 아관 시염부제중생 거족동
世尊 我觀 是閻浮提衆生 擧足動

념 무비시죄 약우선리 다퇴초심
念 無非是罪 若遇善利 多退初心

혹우악연 염념증익 시등배인 여
或遇惡緣 念念增益 是等輩人 如

리니도 부어중석 점곤점중 족보
履泥塗 負於重石 漸困漸重 足步

심수
深邃

약득우선지식 체여감부 혹전여부
若得遇善知識 替與減負 或全與負

시선지식 유대력고 부상부조 권
是善知識 有大力故 復相扶助 勸

령뇌각 약달평지 수성악로 무재
令牢脚 若達平地 須省惡路 無再

경력
經歷

세존 습악중생 종섬호간 변지무
世尊 習惡衆生 從纖毫間 便至無

량 시제중생 유여차습 임명종시
量 是諸衆生 有如此習 臨命終時

남녀권속 의위설복 이자전로
男女眷屬 宜爲設福 以資前路

혹현번개 급연유등 혹전독존경
或懸幡盖 及然油燈 或轉讀尊經

혹공양불상 급제성상 내지염불보
或供養佛像 及諸聖像 乃至念佛菩

살 급벽지불명자 일명일호 역임
薩 及辟支佛名字 一名一號 歷臨

종인이근 혹문재본식
終人耳根 或聞在本識

시제중생 소조악업 계기감과 필
是諸衆生 所造惡業 計其感果 必

타악취 연시권속 위기임종지인
墮惡趣 緣是眷屬 爲其臨終之人

수차성인 여시중죄 실개소멸
修此聖因 如是衆罪 悉皆消滅

약능갱위신사지후칠칠일내 광조
若能更爲身死之後七七日內 廣造

중선 능사시제중생 영리악취 득
衆善 能使是諸衆生 永離惡趣 得

생인천 수승묘락 현재권속 이익
生人天 受勝妙樂 現在眷屬 利益

무 량
無量

시 고 아 금 대 불 세 존 급 천 룡 팔 부
是故 我今 對佛世尊 及天龍八部

인 비 인 등 권 어 염 부 제 중 생 임 종 지
人非人等 勸於閻浮提衆生 臨終之

일 신 물 살 생 급 조 악 연 배 제 귀 신
日 愼勿殺生 及造惡緣 拜祭鬼神

구 제 망 량
求諸魍魎

하 이 고 시 소 살 연 내 지 배 제 무 섬
何以故 是所殺緣 乃至拜祭 無纖

호 지 력 이 익 망 인 단 결 죄 연 전 증
毫之力 利益亡人 但結罪緣 轉增

심 중
深重

가 사 내 세 혹 현 재 생 득 획 성 분 생
假使來世 或現在生 得獲聖分 生

인 천 중 연 시 임 종 피 제 권 속 조 시
人天中 緣是臨終 被諸眷屬 造是

악 인 역 령 시 명 종 인 앙 루 대 변 만
惡因 亦令是命終人 殃累對辨 晚

생선처 하황임명종인 재생 미증
生善處 何況臨命終人 在生 未曾

유소선근 각거본업 자수악취 하
有小善根 各據本業 自受惡趣 何

인권속 갱위증업
忍眷屬 更爲增業

비여유인 종원지래 절량삼일 소
譬如有人 從遠地來 絶粮三日 所

부담물 강과백근 홀우인인 갱부
負擔物 强過百斤 忽遇隣人 更附

소물 이시지고 전부곤중
小物 以是之故 轉復困重

세존 아관 염부중생 단능어제불
世尊 我觀 閻浮衆生 但能於諸佛

교중 내지선사 일모일적 일사일
教中 乃至善事 一毛一滴 一沙一

진 여시이익 실개자득
塵 如是利益 悉皆自得

설시어시 회중 유일장자 명왈대
說是語時 會中 有一長者 名曰大

변 시장자 구증무생 화도시방 현
辯 是長者 久證無生 化度十方 現

장 자 신　합 장 공 경　문 지 장 보 살 언
長者身 合掌恭敬 問地藏菩薩言

대 사　시 남 염 부 제 중 생　명 종 지 후
大士 是南閻浮提衆生 命終之後

대 소 권 속　위 수 공 덕　내 지 설 재　조
大小眷屬 爲修功德 乃至設齋 造

중 선 인　시 명 종 인　득 대 이 익　급 해
衆善因 是命終人 得大利益 及解

탈 부
脫不

지 장 보 살 답 언
地藏菩薩答言

장 자　아 금　위 미 래 현 재 일 체 중 생
長者 我今 爲未來現在一切衆生

승 불 위 력　약 설 시 사　장 자　미 래 현
承佛威力 略說是事 長者 未來現

재 제 중 생 등　임 명 종 시　득 문 일 불 명
在諸衆生等 臨命終時 得聞一佛名

일 보 살 명　일 벽 지 불 명　불 문 유 죄 무
一菩薩名 一辟支佛名 不問有罪無

죄　실 득 해 탈
罪 悉得解脫

약유남자여인 재생 불수선인 다
若有男子女人 在生 不修善因 多

조중죄 명종지후 권속대소 위조
造衆罪 命終之後 眷屬大小 爲造

복리일체성사 칠분지중 이내획일
福利一切聖事 七分之中 而乃獲一

육분공덕 생자자리 이시지고 미
六分功德 生者自利 以是之故 未

래현재선남녀등 문건자수 분분전
來現在善男女等 聞健自修 分分全

획
獲

무상대귀 불기이도 명명유신 미
無常大鬼 不期而到 冥冥遊神 未

지죄복 칠칠일내 여치여롱 혹재
知罪福 七七日內 如癡如聾 或在

제사 변론업과 심정지후 거업수
諸司 辯論業果 審定之後 據業受

생 미측지간 천만수고 하황타어
生 未測之間 千萬愁苦 何況墮於

제악취등
諸惡趣等

시명종인 미득수생 재칠칠일내
是命終人 未得受生 在七七日內

염념지간 망제골육권속 여조복력
念念之間 望諸骨肉眷屬 與造福力

구발 과시일후 수업수보 약시죄
救拔 過是日後 隨業受報 若是罪

인 동경천백세중 무해탈일 약시
人 動經千百歲中 無解脫日 若是

오무간죄 타대지옥 천겁만겁 영
五無間罪 墮大地獄 千劫萬劫 永

수중고
受衆苦

부차 장자 여시죄업중생 명종지
復次 長者 如是罪業衆生 命終之

후 권속골육 위수영재 자조업도
後 眷屬骨肉 爲修營齋 資助業道

미재식경 급영재지차 미감채엽
未齋食竟 及營齋之次 米泔菜葉

불기어지 내지제식 미헌불승 물
不棄於地 乃至諸食 未獻佛僧 勿

득선식
得先食

여유위식 급불정근 시명종인 요
如有違食 及不精勤 是命終人 了

부득력 약능정근호정 봉헌불승
不得力 若能精勤護淨 奉獻佛僧

시명종인 칠분획일
是命終人 七分獲一

시고 장자 염부중생 약능위기부
是故 長者 閻浮衆生 若能爲其父

모 내지권속 명종지후 설재공양
母 乃至眷屬 命終之後 設齋供養

지심근간 여시지인 존망획리
至心勤懇 如是之人 存亡獲利

설시어시 도리천궁 유천만억 나
說是語時 忉利天宮 有千萬億 那

유타 염부귀신 실발무량보리지심
由他 閻浮鬼神 悉發無量菩提之心

대변장자 환희봉교 작례이퇴
大辯長者 歡喜奉敎 作禮而退

염 라 왕 중 찬 탄 품 제 팔
○ 閻羅王衆讚歎品 第八

이 시 철 위 산 내 유 무 량 귀 왕 여 염
爾時 鐵圍山內 有無量鬼王 與閻

라 천 자 구 예 도 리 내 도 불 소 소 위
羅天子 俱詣忉利 來到佛所 所謂

악 독 귀 왕 다 악 귀 왕 대 쟁 귀 왕 백
惡毒鬼王 多惡鬼王 大諍鬼王 白

호 귀 왕 혈 호 귀 왕 적 호 귀 왕 산 앙
虎鬼王 血虎鬼王 赤虎鬼王 散殃

귀 왕 비 신 귀 왕 전 광 귀 왕 낭 아 귀
鬼王 飛身鬼王 電光鬼王 狼牙鬼

왕 천 안 귀 왕 담 수 귀 왕 부 석 귀 왕
王 千眼鬼王 啗獸鬼王 負石鬼王

주 모 귀 왕 주 화 귀 왕 주 복 귀 왕 주
主耗鬼王 主禍鬼王 主福鬼王 主

식 귀 왕 주 재 귀 왕 주 축 귀 왕 주 금
食鬼王 主財鬼王 主畜鬼王 主禽

귀 왕 주 수 귀 왕 주 매 귀 왕 주 산 귀
鬼王 主獸鬼王 主魅鬼王 主産鬼

왕 주 명 귀 왕 주 질 귀 왕 주 험 귀 왕
王 主命鬼王 主疾鬼王 主險鬼王

삼목귀왕 사목귀왕 오목귀왕 기
三目鬼王 四目鬼王 五目鬼王 祁

리실왕 대기리실왕 기리차왕 대
利失王 大祁利失王 祁利叉王 大

기리차왕 아나타왕 대아나타왕
祁利叉王 阿那吒王 大阿那吒王

여시등대귀왕 각각 여백천제소귀
如是等大鬼王 各各 與百千諸小鬼

왕 진거염부제 각유소집 각유소
王 盡居閻浮提 各有所執 各有所

주 시제귀왕 여염라천자 승불위
住 是諸鬼王 與閻羅天子 承佛威

신 급지장보살마하살력 구예도리
神 及地藏菩薩摩訶薩力 俱詣忉利

재일면립
在一面立

이시 염라천자 호궤합장 백불언
爾時 閻羅天子 胡跪合掌 白佛言

세존 아등 금자 여제귀왕 승불위
世尊 我等 今者 與諸鬼王 承佛威

신 급지장보살마하살력 방득예차
神 及地藏菩薩摩訶薩力 方得詣此

도 리 대 회 역 시 아 등 획 선 리 고 아
忉利大會 亦是我等 獲善利故 我

금 유 소 의 사 감 문 세 존 유 원 세 존
今 有小疑事 敢問世尊 唯願 世尊

자 비 위 아 선 설
慈悲 爲我宣說

불 고 염 라 천 자 자 여 소 문 오 위 여 설
佛告閻羅天子: 恣汝所問 吾爲汝說

시 시 염 라 천 자 첨 례 세 존 급 회 시
是時 閻羅天子 瞻禮世尊 及廻視

지 장 보 살 이 백 불 언
地藏菩薩 而白佛言

세 존 아 관 지 장 보 살 재 육 도 중
世尊 我觀 地藏菩薩 在六道中

백 천 방 편 이 도 죄 고 중 생 불 사 피 권
百千方便 而度罪苦衆生 不辭疲倦

시 대 보 살 유 여 시 불 가 사 의 신 통 지
是大菩薩 有如是不可思議 神通之

사 연 제 중 생 탈 획 죄 보 미 구 지 간
事 然 諸衆生 脫獲罪報 未久之間

우 타 악 도
又墮惡道

세존 시지장보살 기유여시불가사
世尊 是地藏菩薩 旣有如是不可思

의신력 운하중생 이불의지선도
議神力 云何衆生 而不依止善道

영취해탈 유원세존 위아해설
永取解脫 唯願世尊 爲我解說

불고염라천자
佛告閻羅天子

남염부제중생 기성강강 난조난복
南閻浮提衆生 其性剛彊 難調難伏

시대보살 어백천겁 두두구발여시
是大菩薩 於百千劫 頭頭救拔如是

중생 조령해탈 시죄보인 내지 타
衆生 早令解脫 是罪報人 乃至 墮

대악취 보살 이방편력 출발근본
大惡趣 菩薩 以方便力 出拔根本

업연 이견오숙세지사 자시염부중
業緣 而遣悟宿世之事 自是閻浮衆

생 결악습중 선출선입 노사보살
生 結惡習重 旋出旋入 勞斯菩薩

구경겁수 이작도탈
久經劫數 而作度脫

비 여 유 인 미 실 본 가 오 입 험 도 기
譬如有人 迷失本家 誤入險道 其

험 도 중 다 제 야 차 급 호 랑 사 자 완
險道中 多諸夜叉 及虎狼獅子 蚖

사 복 갈 여 시 미 인 재 험 도 중 수 유
蛇蝮蠍 如是迷人 在險道中 須臾

지 간 즉 조 제 독 유 일 지 식 다 해 대
之間 卽遭諸毒 有一知識 多解大

술 선 금 시 독 내 급 야 차 제 악 독 등
術 善禁是毒 乃及夜叉諸惡毒等

홀 봉 미 인 욕 진 험 도 이 어 지 언
忽逢迷人 欲進險道 而語之言

돌 재 남 자 위 하 사 고 이 입 차 로 유
咄哉男子 爲何事故 而入此路 有

하 이 술 능 제 제 독
何異術 能制諸毒

시 미 로 인 홀 문 시 어 방 지 험 도 즉
是迷路人 忽聞是語 方知險道 卽

편 퇴 보 구 출 차 로
便退步 求出此路

시 선 지 식 제 휴 접 수 인 출 험 도 면
是善知識 提携接手 引出險道 免

제악독 지우호도 영득안락 이어
諸惡毒 至于好道 令得安樂 而語

지언
之言

돌재미인 자금이후 물리차도 차
咄哉迷人 自今以後 勿履此道 此

로입자 졸난득출 부손성명
路入者 卒難得出 復損性命

시미로인 역생감동 임별지시 지
是迷路人 亦生感動 臨別之時 知

식우언
識又言

약견지친 급제로인 약남약녀 언
若見知親 及諸路人 若男若女 言

어차로 다제악독 상실성명 무령
於此路 多諸惡毒 喪失性命 無令

시중 자취기사
是衆 自取其死

시고 지장보살 구대자비 구발죄
是故 地藏菩薩 具大慈悲 救拔罪

고중생 욕생천인중 영수묘락
苦衆生 欲生天人中 令受妙樂

시제죄중 지업도고 탈득출리 영
是諸罪衆 知業道苦 脫得出離 永

부재력 여미로인 오입험도 우선
不再歷 如迷路人 誤入險道 遇善

지식 인접령출 영불부입 봉견타
知識 引接令出 永不復入 逢見他

인 부권막입 자언 인시미고 득해
人 復勸莫入 自言 因是迷故 得解

탈경 갱불부입 약재이천 유상미
脫竟 更不復入 若再履踐 猶尙迷

오 불각구증 소락험도 혹치실명
誤 不覺舊曾 所落險道 或致失命

여타악취중생 지장보살 방편력고
如墮惡趣衆生 地藏菩薩 方便力故

사령해탈 생인천중 선우재입 약
使令解脫 生人天中 旋又再入 若

업결중 영처지옥 무해탈시
業結重 永處地獄 無解脫時

이시 악독귀왕 합장공경 백불언
爾時 惡毒鬼王 合掌恭敬 白佛言

세존 아등제귀왕 기수무량 재염
世尊 我等諸鬼王 其數無量 在閻

부제 혹이익인 혹손해인 각각부
浮提 或利益人 或損害人 各各不

동연 시업보 사아권속 유행세계
同然 是業報 使我眷屬 遊行世界

다악소선 과인가정 혹성읍취락
多惡少善 過人家庭 或城邑聚落

장원방사 혹유남자여인 수호발선
莊園房舍 或有男子女人 修毫髮善

사 내지 현일번일개 소향소화 공
事 乃至 懸一幡一盖 少香少華 供

양불상 급보살상 혹전독존경 소
養佛像 及菩薩像 或轉讀尊經 燒

향공양 일구일게 아등귀왕 경례
香供養 一句一偈 我等鬼王 敬禮

시인 여과거현재미래제불
是人 如過去現在未來諸佛

칙제소귀 각유대력 급토지분 갱
勅諸小鬼 各有大力 及土地分 更

령위호 불령악사횡사 악병횡병
令衛護 不令惡事橫事 惡病橫病

내지불여의사 근어차사등처 하황
乃至不如意事 近於此舍等處 何況

입기문호
入其門户

불찬귀왕
佛讚鬼王

선재 선재 여등 급여염라천자 능
善哉 善哉 汝等 及與閻羅天子 能

여시옹호선남자선여인 오역영어
如是擁護善男子善女人 吾亦令於

범왕제석 위호여등
梵王帝釋 衛護汝等

설시어시 회중 유일귀왕 명왈주
說是語時 會中 有一鬼王 名曰主

명 백불언
命 白佛言

세존 아본업연 주기염부제인수명
世尊 我本業緣 主其閻浮提人壽命

생시사시 아개주지 재아본원 심
生時死時 我皆主之 在我本願 甚

대이익 자시중생 불회아의 치령
大利益 自是衆生 不會我意 致令

생사 구부득안
生死 俱不得安

하이고 시염부제인 초생지시 불
何以故 是閻浮提人 初生之時 不

문남녀 장욕생시 단작선사 증익
問男女 將欲生時 但作善事 增益

사택 자령토지 무량환희 옹호자
舍宅 自令土地 無量歡喜 擁護子

모 득대안락 이익권속
母 得大安樂 利益眷屬

혹이생하 신물살생 취제선미 공
或已生下 愼勿殺生 取諸鮮味 供

급산모 급광취권속 음주식육 가
給產母 及廣聚眷屬 飮酒食肉 歌

악현관 능령자모 부득안락 하이
樂絃管 能令子母 不得安樂 何以

고 시산난시 유무수악귀 급망량
故 是產難時 有無數惡鬼 及魍魎

정매 욕식성혈
精魅 欲食腥血

시아 조령사택토지영기 하호자모
是我 早令舍宅土地靈祇 荷護子母

사령안락 이득이익 여시지인 견
使令安樂 而得利益 如是之人 見

안락고 변합설복 답제토지 번위
安樂故 便合設福 答諸土地 翻爲

살생 취회권속 이시지고 범앙자
殺生 聚會眷屬 以是之故 犯殃自

수 자모구손
受 子母俱損

우염부제임명종인 불문선악 아욕
又閻浮提臨命終人 不問善惡 我欲

령시명종지인 불락악도 하황자수
令是命終之人 不落惡道 何況自修

선근 증아력고
善根 增我力故

시염부제 행선지인 임명종시 역
是閻浮提 行善之人 臨命終時 亦

유백천악독귀신 혹변작부모 내지
有百千惡毒鬼神 或變作父母 乃至

제권속 인접망인 영락악도 하황
諸眷屬 引接亡人 令落惡道 何況

본조악자
本造惡者

세존 여시염부제남자여인 임명종
世尊 如是閻浮提男子女人 臨命終

시 신식혼미 불판선악 내지안이
時 神識昏迷 不辨善惡 乃至眼耳

갱무견문 시제권속 당수설대공양
更無見聞 是諸眷屬 當須設大供養

전독존경 염불보살명호 여시선연
轉讀尊經 念佛菩薩名號 如是善緣

능령망자 이제악도 제마귀신 실
能令亡者 離諸惡道 諸魔鬼神 悉

개퇴산
皆退散

세존 일체중생 임명종시 약득문
世尊 一切衆生 臨命終時 若得聞

일불명 일보살명 혹대승경전 일
一佛名 一菩薩名 或大乘經典 一

구일게 아관여시배인 제오무간
句一偈 我觀如是輩人 除五無間

살생지죄 소소악업 합타악취자
殺生之罪 小小惡業 合墮惡趣者

심즉해탈
尋卽解脫

불고주명귀왕
佛告主命鬼王

여대자고 능발여시대원 어생사중
汝大慈故 能發如是大願 於生死中

호제중생 약미래세중 유남자여인
護諸衆生 若未來世中 有男子女人

지생사시 여막퇴시원 총령해탈
至生死時 汝莫退是願 總令解脫

영득안락
永得安樂

귀왕백불
鬼王白佛

원불유려 아필시형 염념옹호염부
願不有慮 我畢是形 念念擁護閻浮

중생 생시사시 구득안락 단원제
衆生 生時死時 俱得安樂 但願諸

중생 어생사시 신수아어 무불해
衆生 於生死時 信受我語 無不解

탈 획대이익
脫 獲大利益

이시 불고지장보살
爾時 佛告地藏菩薩

시대귀왕 주수명자 이증경백천생
是大鬼王 主壽命者 已曾經百千生

중 작대귀왕 어생사중 옹호중생
中 作大鬼王 於生死中 擁護衆生

여시대사 자비원고 현대귀왕신
如是大士 慈悲願故 現大鬼王身

실비귀야 각후과일백칠십겁 당득
實非鬼也 却後過一百七十劫 當得

성불 호왈무상여래 겁명안락 세
成佛 號曰無相如來 劫名安樂 世

계명정주 기불수명 불가계겁
界名淨住 其佛壽命 不可計劫

지장보살 시대귀왕 기사여시 불
地藏菩薩 是大鬼王 其事如是 不

가사의 소도천인 역불가한량
可思議 所度天人 亦不可限量

칭불명호품 제구
○稱佛名號品 第九

이시 지장보살마하살 백불언
爾時 地藏菩薩摩訶薩 白佛言

세존 아금 위미래중생 연이익사
世尊 我今 爲未來衆生 演利益事

어생사중 득대이익 유원세존 청
於生死中 得大利益 唯願世尊 聽

아설지
我說之

불고지장보살
佛告地藏菩薩

여금 욕흥자비 구발일체죄고 육
汝今 欲興慈悲 救拔一切罪苦 六

도중생 연부사의사 금정시시 유
道衆生 演不思議事 今正是時 唯

당속설 오즉열반 사여 조필시원
當速說 吾卽涅槃 使汝 早畢是願

오역무우현재미래일체중생
吾亦無憂現在未來一切衆生

지장보살 백불언
地藏菩薩 白佛言

세존 과거무량 아승기겁 유불출
世尊 過去無量 阿僧祇劫 有佛出

세 호무변신여래 약유남자여인
世 號無邊身如來 若有男子女人

문시불명 잠생공경 즉득초월사십
聞是佛名 暫生恭敬 卽得超越四十

겁 생사중죄 하황소화형상 공양
劫 生死重罪 何況塑畵形像 供養

찬탄 기인획복 무량무변
讚歎 其人獲福 無量無邊

우어과거 항하사겁 유불출세 호
又於過去 恒河沙劫 有佛出世 號

보승여래 약유남자여인 문시불명
寶勝如來 若有男子女人 聞是佛名

일탄지경 발심귀의 시인 어무상
一彈指頃 發心歸依 是人 於無上

도 영불퇴전
道 永不退轉

우어과거 유불출세 호파두마승여
又於過去 有佛出世 號波頭摩勝如

래 약유남자여인 문시불명 역어
來 若有男子女人 聞是佛名 歷於

이근 시인 당득천반 생어육욕천
耳根 是人 當得千返 生於六欲天

중 하황지심칭념
中 何況至心稱念

우어과거 불가설불가설 아승기겁
又於過去 不可說不可說 阿僧祇劫

유 불 출 세 호 사 자 후 여 래 약 유 남 자
有佛出世 號師子吼如來 若有男子

여 인 문 시 불 명 일 념 귀 의 시 인 득
女人 聞是佛名 一念歸依 是人 得

우 무 량 제 불 마 정 수 기
遇無量諸佛 摩頂授記

우 어 과 거 유 불 출 세 호 구 류 손 불
又於過去 有佛出世 號拘留孫佛

약 유 남 자 여 인 문 시 불 명 지 심 첨 례
若有男子女人 聞是佛名 至心瞻禮

혹 부 찬 탄 시 인 어 현 겁 천 불 회 중
或復讚歎 是人 於賢劫千佛會中

위 대 범 왕 득 수 상 기
爲大梵王 得受上記

우 어 과 거 유 불 출 세 호 비 바 시 불
又於過去 有佛出世 號毗婆尸佛

약 유 남 자 여 인 문 시 불 명 영 불 타 어
若有男子女人 聞是佛名 永不墮於

악 도 상 생 인 천 수 승 묘 락
惡道 常生人天 受勝妙樂

우 어 과 거 무 량 무 수 항 하 사 겁 유 불
又於過去 無量無數恒河沙劫 有佛

출세 호다보여래 약유남자여인
出世 號多寶如來 若有男子女人

문시불명 필경 불타악도 상재천
聞是佛名 畢竟 不墮惡道 常在天

상 수승묘락
上 受勝妙樂

우어과거 유불출세 호보상여래
又於過去 有佛出世 號寶相如來

약유남자여인 문시불명 생공경심
若有男子女人 聞是佛名 生恭敬心

시인 불구 득아라한과
是人 不久 得阿羅漢果

우어과거 무량아승기겁 유불출세
又於過去 無量阿僧祇劫 有佛出世

호가사당여래 약유남자여인 문시
號袈裟幢如來 若有男子女人 聞是

불명 초일백대겁생사지죄
佛名 超一百大劫生死之罪

우어과거 유불출세 호대통산왕여
又於過去 有佛出世 號大通山王如

래 약유남자여인 문시불명자 시
來 若有男子女人 聞是佛名者 是

인 득우항하사불 광위설법 필성
人 得遇恒河沙佛 廣爲說法 必成

보리
菩提

우어과거 유정월불 산왕불 지승
又於過去 有淨月佛 山王佛 智勝

불 정명왕불 지성취불 무상불 묘
佛 淨名王佛 智成就佛 無上佛 妙

성불 만월불 월면불 유여시등 불
聲佛 滿月佛 月面佛 有如是等 不

가설불
可說佛

세존 현재미래일체중생 약천약인
世尊 現在未來一切衆生 若天若人

약남약녀 단염득일불명호 공덕무
若男若女 但念得一佛名號 功德無

량 하황다명 시중생등 생시사시
量 何況多名 是衆生等 生時死時

자득대리 종불타악도
自得大利 終不墮惡道

약유임명종인 가중권속 내지일인
若有臨命終人 家中眷屬 乃至一人

위시병인 고성 염일불명 시명종
爲是病人 高聲 念一佛名 是名終

인 제오무간대죄 여업보등 실득
人 除五無間大罪 餘業報等 悉得

소멸 시오무간대죄 수지극중 동
消滅 是五無間大罪 雖至極重 動

경억겁 요부득출 승사임명종시
經億劫 了不得出 承斯臨命終時

타인 위기칭념불명 어시죄중 역
他人 爲其稱念佛名 於是罪中 亦

점소멸 하황중생 자칭자념 획복
漸消滅 何況衆生 自稱自念 獲福

무량 멸무량죄
無量 滅無量罪

교량보시공덕품 제십
○校量布施功德品 第十

이시 지장보살마하살 승불위신
爾時 地藏菩薩摩訶薩 承佛威神

종좌이기 호궤합장 백불언
從座而起 胡跪合掌 白佛言

세존 아관업도중생 교량보시 유
世尊 我觀業道衆生 校量布施 有

경유중 유일생수복 유십생수복
輕有重 有一生受福 有十生受福

유백생천생 수대복리자 시사운하
有百生千生 受大福利者 是事云何

유원 세존 위아설지
唯願 世尊 爲我說之

이시 불고지장보살
爾時 佛告地藏菩薩

오금 어도리천궁일체중회 설염
吾今 於忉利天宮一切衆會 說閻

부제 보시교량공덕경중 여당제청
浮提 布施校量功德輕重 汝當諦聽

오위여설
吾爲汝說

지장 백불언 아의시사 원요욕문
地藏 白佛言: 我疑是事 願樂欲聞

불고지장보살
佛告地藏菩薩

남염부제 유제국왕 재보대신 대
南閻浮提 有諸國王 宰輔大臣 大

장자 대찰리 대바라문등 약우최
長者 大刹利 大婆羅門等 若遇最

하빈궁 내지 융잔음아농치무목
下貧窮 乃至 癃殘瘖瘂聾癡無目

여시종종 불완구자 시대국왕등
如是種種 不完具者 是大國王等

욕보시시 약능구대자비 하심함소
欲布施時 若能具大慈悲 下心含笑

친수편포 혹사인시 연언위유 시
親手遍布 或使人施 軟言慰喩 是

국왕등 소획복리 여보시백항하사
國王等 所獲福利 如布施百恒河沙

불 공덕지리
佛 功德之利

하이고 연시국왕등 어시최빈천배
何以故 緣是國王等 於是最貧賤輩

급불완구자 발대자비심 시고 복
及不完具者 發大慈悲心 是故 福

리유여차보 백천생중 상득칠보구
利有如此報 百千生中 常得七寶具

족 하황의식수용
足 何況衣食受用

부 차 지 장 약 미 래 세 유 제 국 왕 지
復次 地藏 若未來世 有諸國王 至

바 라 문 등 우 불 탑 사 혹 불 형 상 내
婆羅門等 遇佛塔寺 或佛形像 乃

지 보 살 성 문 벽 지 등 상 궁 자 영 판
至 菩薩 聲聞 辟支 等像 躬自營辦

공 양 보 시 시 국 왕 등 당 득 삼 겁 위
供養布施 是國王等 當得三劫 爲

제 석 신 수 승 묘 락 약 능 이 차 보 시 복
帝釋身 受勝妙樂 若能以此布施福

리 회 향 법 계 시 대 국 왕 등 어 십 겁
利 廻向法界 是大國王等 於十劫

중 상 위 대 범 천 왕
中 常爲大梵天王

부 차 지 장 약 미 래 세 유 제 국 왕 지
復次 地藏 若未來世 有諸國王 至

바 라 문 등 우 선 불 탑 묘 혹 지 경 상
婆羅門等 遇先佛塔廟 或至經像

훼 괴 파 락 내 능 발 심 수 보 시 국 왕 등
毁壞破落 乃能發心修補 是國王等

혹 자 영 판 혹 권 타 인 내 지 백 천 인
或自營辦 或勸他人 乃至 百千人

등 보시결연 시국왕등 백천생중
等 布施結緣 是國王等 百千生中

상위전륜왕신 여시타인 동보시자
常爲轉輪王身 如是他人 同布施者

백천생중 상위소국왕신 갱능어탑
百千生中 常爲小國王身 更能於塔

묘전 발회향심 여시국왕 내급제
廟前 發廻向心 如是國王 乃及諸

인 진성불도 이차과보 무량무변
人 盡成佛道 以此果報 無量無邊

부차 지장 미래세중 유제국왕 급
復次 地藏 未來世中 有諸國王 及

바라문등 견제노병 급생산부녀
婆羅門等 見諸老病 及生産婦女

약일념간 구대자심 보시의약 음
若一念間 具大慈心 布施醫藥 飮

식와구 사령안락 여시복리 최
食臥具 使令安樂 如是福利 最

부사의 일백겁중 상위정거천주
不思議 一百劫中 常爲淨居天主

이백겁중 상위육욕천주 필경성불
二百劫中 常爲六欲天主 畢竟成佛

영불타악도 내지백천생중 이불문
永不墮惡道 乃至百千生中 耳不聞

고성
苦聲

부차 지장 약미래세중 유제국왕
復次 地藏 若未來世中 有諸國王

급바라문등 능작여시보시 획복무
及婆羅門等 能作如是布施 獲福無

량 갱능회향 불문다소 필경성불
量 更能迴向 不問多小 畢竟成佛

하황석범전륜지보 시고 지장 보
何況釋梵轉輪之報 是故 地藏 普

권중생 당여시학
勸衆生 當如是學

부차 지장 미래세중 약선남자선
復次 地藏 未來世中 若善男子善

여인 어불법중 종소선근 모발사
女人 於佛法中 種少善根 毛髮沙

진허 소수복리 불가위유
塵許 所受福利 不可爲喩

부차 지장 미래세중 약유선남자
復次 地藏 未來世中 若有善男子

선 여 인 우 불 형 상 보 살 형 상 벽 지
善女人 遇佛形像 菩薩形像 辟支

불 형 상 전 륜 왕 형 상 보 시 공 양 득
佛形像 轉輪王形像 布施供養 得

복 무 량 상 재 인 천 수 승 묘 락 약 능
福無量 常在人天 受勝妙樂 若能

회 향 법 계 시 인 복 리 불 가 위 유
廻向法界 是人福利 不可爲喩

부 차 지 장 미 래 세 중 약 유 선 남 자
復次 地藏 未來世中 若有善男子

선 여 인 우 대 승 경 전 혹 청 문 일 게 일
善女人 遇大乘經典 或聽聞一偈一

구 발 은 중 심 찬 탄 공 경 보 시 공 양
句 發慇重心 讚歎恭敬 布施供養

시 인 획 대 과 보 무 량 무 변 약 능 회
是人 獲大果報 無量無邊 若能廻

향 법 계 기 복 불 가 위 유
向法界 其福不可爲喩

부 차 지 장 약 미 래 세 중 유 선 남 자
復次 地藏 若未來世中 有善男子

선 여 인 우 불 탑 사 대 승 경 전 신 자
善女人 遇佛塔寺 大乘經典 新者

보시공양 첨례찬탄 공경합장 약
布施供養 瞻禮讚嘆 恭敬合掌 若

우고자 혹훼괴자 수보영리 혹독
遇故者 或毁壞者 修補營理 或獨

발심 혹권타인 동공발심 여시등
發心 或勸他人 同共發心 如是等

배 삼십생중 상위제소국왕 단월
輩 三十生中 常爲諸小國王 檀越

지인 상위륜왕 환이선법 교화제
之人 常爲輪王 還以善法 敎化諸

소국왕
小國王

부차 지장 미래세중 약유선남자
復次 地藏 未來世中 若有善男子

선여인 어불법중 소종선근 혹보
善女人 於佛法中 所種善根 或布

시공양 혹수보탑사 혹장리경전
施供養 或修補塔寺 或裝理經典

내지 일모일진 일사일제 여시선
乃至 一毛一塵 一沙一渧 如是善

사 단능회향법계 시인공덕 백천
事 但能廻向法界 是人功德 百千

생중 수상묘락 여단회향 자가권
生中 受上妙樂 如但廻向 自家眷

속 혹자신이익 여시지과 즉삼생
屬 或自身利益 如是之果 卽三生

락 일득만보
樂 一得萬報

시고 지장 보시인연 기사여시
是故 地藏 布施因緣 其事如是

지신호법품 제십일
○地神護法品 第十一

이시 견뢰지신 백불언
爾時 堅牢地神 白佛言

세존 아종석래 첨앙정례무량보살
世尊 我從昔來 瞻仰頂禮無量菩薩

마하살 개시대 불가사의 신통지
摩訶薩 皆是大 不可思議 神通智

혜 광도중생 시지장보살마하살
慧 廣度衆生 是地藏菩薩摩訶薩

어제보살 서원심중
於諸菩薩 誓願深重

세존 시지장보살 어염부제 유대
世尊 是地藏菩薩 於閻浮提 有大

인연 여문수 보현 관음 미륵 역화
因緣 如文殊 普賢 觀音 彌勒 亦化

백천신형 도어육도 기원 상유필
百千身形 度於六道 其願 尚有畢

경 시지장보살 교화육도 일체중
竟 是地藏菩薩 教化六道 一切衆

생 소발서원겁수 여천백억항하사
生 所發誓願劫數 如千百億恒河沙

세존 아관 미래급현재중생 어소
世尊 我觀 未來及現在衆生 於所

주처 어남방청결지지 이토석죽목
住處 於南方清潔之地 以土石竹木

작기감실 시중 능소화 내지 금은
作其龕室 是中 能塑畫 乃至 金銀

동철 작지장형상 소향공양 첨례
銅鐵 作地藏形像 燒香供養 瞻禮

찬탄 시인거처 즉득십종이익
讚嘆 是人居處 卽得十種利益

하등위십 일자 토지풍양 이자 가
何等爲十 一者 土地豐壤 二者 家

택영안 삼자 선망생천 사자 현존
宅永安 三者 先亡生天 四者 現存

익수 오자 구자수의 육자 무수화
益壽 五者 求者遂意 六者 無水火

재 칠자 허모벽제 팔자 두절악몽
災 七者 虛耗辟除 八者 杜絶惡夢

구자 출입신호 십자 다우성인
九者 出入神護 十者 多遇聖因

세존 미래세중 급현재중생 약능
世尊 未來世中 及現在衆生 若能

어소주처방면 작여시공양 득여시
於所住處方面 作如是供養 得如是

이익
利益

견뢰지신 부백불언
堅牢地神 復白佛言

세존 미래세중 약유선남자선여인
世尊 未來世中 若有善男子善女人

어소주처 견차경전 급보살상 시
於所住處 見此經典 及菩薩像 是

인 갱능전독경전 공양보살 아상
人 更能轉讀經典 供養菩薩 我常

일 야 이본신력 위호시인 내지수
日夜 以本神力 衛護是人 乃至水

화도적 대횡소횡 일체악사 실개
火盜賊 大橫小橫 一切惡事 悉皆

소멸
消滅

불고지신견뢰
佛告地神堅牢

여대신력 제신소급 하이고 염부
汝大神力 諸神少及 何以故 閻浮

토지 실몽여호 내지 초목사석 도
土地 悉蒙汝護 乃至 草木沙石 稻

마죽위 곡미보패 종지이유 개인
麻竹葦 穀米寶貝 從地而有 皆因

여력 우당칭양지장보살이익지사
汝力 又當稱揚地藏菩薩利益之事

여지공덕 급이신통 백천배어상분
汝之功德 及以神通 百千倍於常分

지신
地神

약미래세중 유선남자선여인 공양
若未來世中 有善男子善女人 供養

보살 급전독시경 단의지장본원경
菩薩 及轉讀是經 但依地藏本願經

일사수행자 여이본신력 이옹호지
一事修行者 汝以本神力 而擁護之

물령일체재해 급불여의사 첩문어
勿令一切災害 及不如意事 輒聞於

이 하황영수 비단여독호시인 고
耳 何況令受 非但汝獨護是人 故

역유석범권속 제천권속 옹호시인
亦有釋梵眷屬 諸天眷屬 擁護是人

하고 득여시성현옹호 개유첨례지
何故 得如是聖賢擁護 皆由瞻禮地

장형상 급전독시본원경고 자연필
藏形像 及轉讀是本願經故 自然畢

경 출리고해 증열반락 이시지고
竟 出離苦海 證涅槃樂 以是之故

득대옹호
得大擁護

견 문 이 익 품 제 십 이
○ 見聞利益品 第十二

이 시 세 존 종 정 문 상 방 백 천 만 억
爾時 世尊 從頂門上 放百千萬億

대 호 상 광 소 위 백 호 상 광 대 백 호
大毫相光 所謂 白毫相光 大白毫

상 광 서 호 상 광 대 서 호 상 광 옥 호
相光 瑞毫相光 大瑞毫相光 玉毫

상 광 대 옥 호 상 광 자 호 상 광 대 자
相光 大玉毫相光 紫毫相光 大紫

호 상 광 청 호 상 광 대 청 호 상 광 벽
毫相光 青毫相光 大青毫相光 碧

호 상 광 대 벽 호 상 광 홍 호 상 광 대
毫相光 大碧毫相光 紅毫相光 大

홍 호 상 광 녹 호 상 광 대 녹 호 상 광
紅毫相光 綠毫相光 大綠毫相光

금 호 상 광 대 금 호 상 광 경 운 호 상 광
金毫相光 大金毫相光 慶雲毫相光

대 경 운 호 상 광 천 륜 호 광 대 천 륜 호
大慶雲毫相光 千輪毫光 大千輪毫

광 보 륜 호 광 대 보 륜 호 광 일 륜 호
光 寶輪毫光 大寶輪毫光 日輪毫

광 대일륜호광 월륜호광 대월륜
光 大日輪毫光 月輪毫光 大月輪

호광 궁전호광 대궁전호광 해운
毫光 宮殿毫光 大宮殿毫光 海雲

호광 대해운호광
毫光 大海雲毫光

어정문상 방여시등호상광이 출미
於頂門上 放如是等毫相光已 出微

묘음 고제대중 천룡팔부인비인등
妙音 告諸大衆 天龍八部人非人等

청 오금일 어도리천궁 칭양찬탄
聽 吾今日 於忉利天宮 稱揚讚歎

지장보살 어 인천중 이익등사 부
地藏菩薩 於 人天中 利益等事 不

사의사 초성인사 증십지사 필경
思議事 超聖因事 證十地事 畢竟

불퇴아뇩다라삼먁삼보리사
不退阿耨多羅三藐三菩提事

설시어시 회중 유일보살마하살
說是語時 會中 有一菩薩摩訶薩

명관세음 종좌이기 호궤합장 백
名觀世音 從座而起 胡跪合掌 白

불언
佛言

세존 시지장보살마하살 구대자비
世尊 是地藏菩薩摩訶薩 具大慈悲

연민죄고중생 어천만억세계 화천
憐愍罪苦衆生 於千萬億世界 化千

만억신 소유공덕 급부사의위신지
萬億身 所有功德 及不思議威神之

력 아이문 세존 여시방무량제불
力 我已聞 世尊 與十方無量諸佛

이구동음 찬탄지장보살 운하사과
異口同音 讚歎地藏菩薩 云何使過

거현재미래제불 설기공덕 유불능
去現在未來諸佛 說其功德 猶不能

진 향자 우몽세존 보고대중 욕칭
盡 向者 又蒙世尊 普告大衆 欲稱

양지장이익등사
揚地藏利益等事

유원 세존 위현재미래일체중생
唯願 世尊 爲現在未來一切衆生

칭양지장부사의사 영천룡팔부 첨
稱揚地藏不思議事 令天龍八部 瞻

례 획 복
禮獲福

불 고 관 세 음 보 살
佛告觀世音菩薩

여 어 사 바 세 계 유 대 인 연 약 천 약 용
汝於娑婆世界 有大因緣 若天若龍

약 남 약 녀 약 신 약 귀 내 지 육 도 죄
若男若女 若神若鬼 乃至 六道罪

고 중 생 문 여 명 자 견 여 형 자 연 모
苦衆生 聞汝名者 見汝形者 戀慕

여 자 찬 탄 여 자 시 제 중 생 실 어 무
汝者 讚歎汝者 是諸衆生 悉於無

상 도 필 불 퇴 전 상 생 인 천 구 수 묘
上道 必不退轉 常生人天 具受妙

락 인 과 장 숙 우 불 수 기
樂 因果將熟 遇佛授記

여 금 구 대 자 비 연 민 중 생 급 천 룡
汝今 具大慈悲 憐愍衆生 及天龍

팔 부 욕 청 오 선 설 지 장 보 살 부 사
八部 欲聽吾 宣說地藏菩薩 不思

의 이 익 지 사 여 당 제 청 오 금 설 지
議利益之事 汝當諦聽 吾今說之

관 세 음 언 유 연 세 존 원 요 욕 문
觀世音言: 唯然 世尊 願樂欲聞

불 고 관 세 음 보 살
佛告觀世音菩薩

미 래 현 재 제 세 계 중 유 천 인 수 천 복
未來現在諸世界中 有天人 受天福

진 유 오 쇠 상 현 혹 유 타 어 악 도 지 자
盡 有五衰相現 或有墮於惡道之者

여 시 천 인 약 남 약 녀 당 현 상 시 혹
如是天人 若男若女 當現相時 或

견 지 장 보 살 형 상 혹 문 지 장 보 살 명
見地藏菩薩形像 或聞地藏菩薩名

일 첨 일 례 시 제 천 인 전 증 천 복 수
一瞻一禮 是諸天人 轉增天福 受

대 쾌 락 영 불 력 삼 악 도 보 하 황 견 문
大快樂 永不歷三惡道報 何況見聞

보 살 이 제 향 화 의 복 음 식 보 패 영 락
菩薩 以諸香花衣服飲食 寶貝瓔珞

보 시 공 양 소 획 공 덕 복 리 무 량 무 변
布施供養 所獲功德福利 無量無邊

부 차 관 세 음 약 미 래 현 재 제 세 계 중
復次 觀世音 若未來現在諸世界中

육도중생 임명종시 득문지장보살
六道衆生 臨命終時 得聞地藏菩薩

명 일성 역이근자 시제중생 영불
名 一聲 歷耳根者 是諸衆生 永不

역 삼악도고 하황임명종시 부모
歷 三惡道苦 何況臨命終時 父母

권속 장시명종인 사택재물 보패
眷屬 將是命終人 舍宅財物 寶貝

의복 소화지장형상
衣服 塑畵地藏形像

혹사병인 미종지시 혹안이견문
或使病人 未終之時 或眼耳見聞

지도권속 장사택보패등 위기자신
知道眷屬 將舍宅寶貝等 爲其自身

소화지장보살형상 시인 약시업보
塑畵地藏菩薩形像 是人 若是業報

합수중병자 승사공덕 심즉제유
合受重病者 承斯功德 尋卽除愈

수명증익 시인 약시업보명진 응
壽命增益 是人 若是業報命盡 應

유일체죄장업장 합타악취자 승사
有一切罪障業障 合墮惡趣者 承斯

공덕 명종지후 즉생인천 수승묘
功德 命終之後 卽生人天 受勝妙

락 일체죄장 실개소멸
樂 一切罪障 悉皆消滅

부차 관세음보살 약미래세 유남
復次 觀世音菩薩 若未來世 有男

자여인 혹유포시 혹삼세오세 십
子女人 或乳哺時 或三歲五歲 十

세이하 망실부모 내급망실형제자
歲已下 亡失父母 乃及亡失兄弟姉

매 시인 연기장대 사억부모 급제
妹 是人 年旣長大 思憶父母 及諸

권속 부지락재하취 생하세계 생
眷屬 不知落在何趣 生何世界 生

하천중
何天中

시인 약능소화지장보살형상 내지
是人 若能塑畫地藏菩薩形像 乃至

문명 일첨일례 일일지칠일 막퇴
聞名 一瞻一禮 一日至七日 莫退

초심 문명견형 첨례공양 시인권
初心 聞名見形 瞻禮供養 是人眷

속 가인업고 타악취자 계당겁수
屬 假因業故 墮惡趣者 計當劫數

승사남녀형제자매 소화지장형상
承斯男女兄弟姉妹 塑畵地藏形像

첨례공덕 심즉해탈 생인천중 수
瞻禮功德 尋卽解脫 生人天中 受

승묘락 시인 권속 여유복력 이생
勝妙樂 是人 眷屬 如有福力 已生

인천 수승묘락자 즉승사공덕 전
人天 受勝妙樂者 卽承斯功德 轉

증성인 수무량락
增聖因 受無量樂

시인 갱능삼칠일중 일심첨례 지
是人 更能三七日中 一心瞻禮 地

장보살형상 염기명자 만어만편
藏菩薩形像 念其名字 滿於萬遍

당득보살 현무변신 구고시인권속
當得菩薩 現無邊身 具告是人眷屬

생계 혹어몽중 보살 현대신력 친
生界 或於夢中 菩薩 現大神力 親

령시인 어제세계 견제권속
領是人 於諸世界 見諸眷屬

갱능매일 염보살명 천편 지우천
更能每日 念菩薩名 千遍 至于千

일 시인 당득보살 견소재토지귀
日 是人 當得菩薩 遣所在土地鬼

신 종신위호 현세 의식풍일 무제
神 終身衛護 現世 衣食豊溢 無諸

질고 내지횡사 불입기문 하황급
疾苦 乃至橫事 不入其門 何況及

신 시인 필경 득보살마정수기
身 是人 畢竟 得菩薩摩頂授記

부차 관세음보살 약미래세 유선
復次 觀世音菩薩 若未來世 有善

남자선여인 욕발광대자심 구도일
男子善女人 欲發廣大慈心 救度一

체중생자 욕수무상보리자 욕출리
切衆生者 欲修無上菩提者 欲出離

삼계자 시제인등 견지장형상 급
三界者 是諸人等 見地藏形像 及

문명자 지심귀의 혹이향화의복
聞名者 至心歸依 或以香華衣腹

보패음식 공양첨례 시선남녀등
寶貝飮食 供養瞻禮 是善男女等

소원속성 영무장애
所願速成 永無障礙

부차 관세음 약미래세 유선남자
復次 觀世音 若未來世 有善男子

선여인 욕구현재미래 백천만억등
善女人 欲求現在未來 百千萬億等

원 백천만억등사 단당귀의첨례
願 百千萬億等事 但當歸依瞻禮

공양찬탄지장보살형상 여시소원
供養讚歎地藏菩薩形象 如是所願

소구 실개성취 부원지장보살 구
所求 悉皆成就 復願地藏菩薩 具

대자비 영옹호아 시인 어면몽중
大慈悲 永擁護我 是人 於眠夢中

즉득보살 마정수기
卽得菩薩 摩頂授記

부차 관세음보살 약미래세 선남
復次 觀世音菩薩 若未來世 善男

자선여인 어대승경전 심생진중
子善女人 於大乘經典 深生珍重

발부사의심 욕독욕송 종우명사
發不思議心 欲讀欲誦 縱遇明師

교 시 영 숙 선 독 선 망 동 경 년 월 불
教視令熟 旋讀旋忘 動經年月 不

능 독 송 시 선 남 녀 등 유 숙 업 장 미
能讀誦 是善男女等 有宿業障 未

득 소 제 고 어 대 승 경 전 무 독 송 성
得消除故 於大乘經典 無讀誦性

여 시 지 인 문 지 장 보 살 명 견 지 장 보
如是之人 聞地藏菩薩名 見地藏菩

살 상 구 이 본 심 공 경 진 백 갱 이 향
薩像 具以本心 恭敬陳白 更以香

화 의 복 음 식 일 체 완 구 공 양 보 살
華 衣服飮食 一切玩具 供養菩薩

이 정 수 일 잔 경 일 일 일 야 안 보 살 전
以淨水一盞 經一日一夜 安菩薩前

연 후 합 장 청 복 회 수 향 남 임 입 구
然後 合掌請服 迴首向南 臨入口

시 지 심 정 중 복 수 기 필 신 오 신 주
時 至心鄭重 服水旣畢 愼五辛酒

육 사 음 망 어 급 제 살 생 일 칠 일 혹
肉 邪淫妄語 及諸殺生 一七日 或

삼 칠 일 시 선 남 자 선 여 인 어 수 몽 중
三七日 是善男子善女人 於睡夢中

구견지장보살 현무변신 어시인처
具見地藏菩薩 現無邊身 於是人處

수관정수 기인몽각 즉획총명 응
授灌頂水 其人夢覺 卽獲聰明 應

시경전 일력이근 즉당영기 갱불
是經典 一歷耳根 卽當永記 更不

망실 일구일게
忘失 一句一偈

부차 관세음보살 약미래세 유제
復次 觀世音菩薩 若未來世 有諸

인등 의식부족 구자괴원 혹다질
人等 衣食不足 求者乖願 或多疾

병 혹다흉쇠 가택불안 권속분산
病 或多凶衰 家宅不安 眷屬分散

혹제횡사 다래오신 수몽지간 다
或諸橫事 多來忤身 睡夢之間 多

유경포 여시인등 문지장명 견지
有驚怖 如是人等 聞地藏名 見地

장형 지심공경 염만만편 시제불
藏形 至心恭敬 念滿萬遍 是諸不

여의사 점점소멸 즉득안락 의식
如意事 漸漸消滅 卽得安樂 衣食

풍일 내지수몽중 실개안락
豐溢 乃至睡夢中 悉皆安樂

부차 관세음보살 약미래세 유선
復次 觀世音菩薩 若未來世 有善

남자선여인 혹인치생 혹인공사
男子善女人 或因治生 或因公私

혹인생사 혹인급사 입산림중 과
或因生死 或因急事 入山林中 過

도하해 내급대수 혹경험도 시인
度河海 乃及大水 或經險道 是人

선당념지장보살명 만편 소과토지
先當念地藏菩薩名 萬遍 所過土地

귀신위호 행주좌와 영보안락 내지
鬼神衛護 行住坐臥 永保安樂 乃至

봉어호랑사자 일체독해 불능손지
逢於虎狼師子 一切毒害 不能損之

불고관세음보살 시지장보살 어염
佛告觀世音菩薩 是地藏菩薩 於閻

부제 유대인연 약설어제중생 견
浮提 有大因緣 若說於諸衆生 見

문이익등사 백천겁중 설불능진
聞利益等事 百千劫中 說不能盡

시고 관세음 여이신력 유포시경
是故 觀世音 汝以神力 流布是經

영사바세계중생 백천만겁 영수안
令娑婆世界衆生 百千萬劫 永受安

락
樂

이시 세존 이설게언
爾時 世尊 而說偈言

오관지장위신력 항하사겁설난진
吾觀地藏威神力 恒河沙劫說難盡

견문첨례일념간 이익인천무량사
見聞瞻禮一念間 利益人天無量事

약남약녀약용신 보진응당타악도
若男若女若龍神 報盡應當墮惡道

지심귀의대사신 수명전증제죄장
至心歸依大士身 壽命轉增除罪障

소실부모은애자 미지혼신재하취
少失父母恩愛者 未知魂神在何趣

형제자매급제친 생장이래개불식
兄弟姉妹及諸親 生長以來皆不識

혹소혹화대사신 비련첨례부잠사
或塑或畵大士身 悲戀瞻禮不暫捨

삼칠일중염기명 보살당현무변체
三七日中念其名 菩薩當現無邊體

시기권속소생계 종타악취심출리
示其眷屬所生界 縱墮惡趣尋出離

약능불퇴시초심 즉획마정수성기
若能不退是初心 卽獲摩頂受聖記

욕수무상보리자 내지출리삼계고
欲修無上菩提者 乃至出離三界苦

시인기발대비심 선당첨례대사상
是人旣發大悲心 先當瞻禮大士像

일체제원속성취 영무업장능차지
一切諸願速成就 永無業障能遮止

유인발심염경전 욕도군미초피안
有人發心念經典 欲度群迷超彼岸

수립시원부사의 선독선망다폐실
雖立是願不思議 旋讀旋忘多廢失

사인유업장혹고 어대승경불능기
斯人有業障惑故 於大乘經不能記

이향화의복음식 제완구공양지장
以香花衣服飮食 諸玩具供養地藏

이정수안대사전 일일일야구복지
以淨水安大士前 一日一夜求服之

발 은 중 심 신 오 신 주 육 사 음 급 망 어
發慇重心愼五辛 酒肉邪淫及妄語

삼 칠 일 내 물 살 생 지 심 사 념 대 사 명
三七日內勿殺生 至心思念大士名

즉 어 몽 중 견 무 변 각 래 변 득 이 안 이
卽於夢中見無邊 覺來便得利眼耳

응 시 경 교 력 이 문 천 만 생 중 영 불 망
應是經敎歷耳聞 千萬生中永不忘

이 시 대 사 부 사 의 능 사 사 인 획 차 혜
以是大士不思議 能使斯人獲此慧

빈 궁 중 생 급 질 병 가 택 흉 쇠 이 권 속
貧窮衆生及疾病 家宅凶衰離眷屬

수 몽 지 중 실 불 안 구 자 괴 위 무 칭 수
睡夢之中悉不安 求者乖違無稱遂

지 심 첨 례 지 장 상 일 체 악 사 개 소 멸
至心瞻禮地藏像 一切惡事皆消滅

지 어 몽 중 진 득 안 의 식 풍 요 귀 신 호
至於夢中盡得安 衣食豊饒鬼神護

욕 입 산 림 급 도 해 독 악 금 수 급 악 인
欲入山林及渡海 毒惡禽獸及惡人

악 신 악 귀 병 악 풍 일 체 제 난 제 고 뇌
惡神惡鬼幷惡風 一切諸難諸苦惱

단당첨례급공양 지장보살대사상
但當瞻禮及供養 地藏菩薩大士像

여시산림대해중 응시제악개소멸
如是山林大海中 應是諸惡皆消滅

관음지심청오설 지장무진부사의
觀音至心聽吾說 地藏無盡不思議

백천만겁설부주 광선대사여시력
百千萬劫說不周 廣宣大士如是力

지장명자인약문 내지견상첨례자
地藏名字人若聞 乃至見像瞻禮者

향화의복음식봉 공양백천수묘락
香華衣服飲食奉 供養百千受妙樂

약능이차회법계 필경성불초생사
若能以此迴法界 畢竟成佛超生死

시고관음여당지 보고항사제국토
是故觀音汝當知 普告恒沙諸國土

촉루인천품 제십삼
○囑累人天品 第十三

이시 세존 거금색비 우마지장보
爾時 世尊 擧金色臂 又摩地藏菩

살 마 하 살 정 이 작 시 언
薩摩訶薩頂 而作是言

지 장 지 장 여 지 신 력 불 가 사 의 여
地藏 地藏 汝之神力 不可思議 汝

지 자 비 불 가 사 의 여 지 지 혜 불 가
之慈悲 不可思議 汝之智慧 不可

사 의 여 지 변 재 불 가 사 의
思議 汝之辯才 不可思議

정 사 시 방 제 불 찬 탄 선 설 여 지 부 사
正使十方諸佛 讚歎宣說 汝之不思

의 사 천 만 겁 중 불 능 득 진
議事 千萬劫中 不能得盡

지 장 지 장 기 오 금 일 재 도 리 천 중
地藏 地藏 記吾今日 在忉利天中

어 백 천 만 억 불 가 설 불 가 설 일 체 제
於百千萬億不可說 不可說 一切諸

불 보 살 천 룡 팔 부 대 회 지 중 재 이
佛菩薩 天龍八部 大會之中 再以

인 천 제 중 생 등 미 출 삼 계 재 화 택 중
人天諸衆生等 未出三界 在火宅中

자 부 촉 어 여 무 령 시 제 중 생 타 악
者 付囑於汝 無令是諸衆生 墮惡

취중 일일일야 하황갱락오무간
趣中 一日一夜 何況更落五無間

급아비지옥 동경천만억겁 무유출
及阿鼻地獄 動經千萬億劫 無有出

기
期

지장 시남염부제중생 지성무정
地藏 是南閻浮提衆生 志性無定

습악자다 종발선심 수유즉퇴 약
習惡者多 縱發善心 須臾卽退 若

우악연 염념증장 이시지고 오분
遇惡緣 念念增長 以是之故 吾分

시형 백천억화도 수기근성 이도
是形 百千億化度 隨其根性 而度

탈지
脫之

지장 오금은근 이천인중 부촉어
地藏 吾今慇懃 以天人衆 付囑於

여 미래지세 약유천인 급선남자
汝 未來之世 若有天人 及善男子

선여인 어불법중 종소선근 일모
善女人 於佛法中 種小善根 一毛

일진 일사일재 여이도력 옹호시
一塵 一沙一渧 汝以道力 擁護是

인 점수무상 물령퇴실
人 漸修無上 勿令退失

부차 지장 미래세중 약천약인 수
復次 地藏 未來世中 若天若人 隨

업보응 낙재악취 임타취중 혹지
業報應 落在惡趣 臨墮趣中 或至

문수 시제중생 약능염득일불명
門首 是諸衆生 若能念得一佛名

일보살명 일구일게 대승경전 시
一菩薩名 一句一偈 大乘經典 是

제중생 여이신력 방편구발 어시
諸衆生 汝以神力 方便救拔 於是

인소 현무변신 위쇄지옥 견령생
人所 現無邊身 爲碎地獄 遣令生

천 수승묘락
天 受勝妙樂

이시 세존 이설게언
爾時 世尊 而說偈言

현재미래천인중 오금은근부촉여
現在未來天人衆 吾今慇懃付囑汝

이 대 신 통 방 편 도 물 령 타 재 제 악 취
以大神通方便度 勿令墮在諸惡趣

이 시 지 장 보 살 마 하 살 호 궤 합 장
爾時 地藏菩薩摩訶薩 胡跪合掌

백 불 언
白佛言

세 존 유 원 세 존 불 이 위 려 미 래 세
世尊 唯願 世尊 不以爲慮 未來世

중 약 유 선 남 자 선 여 인 어 불 법 중
中 若有善男子善女人 於佛法中

일 념 공 경 아 역 백 천 방 편 도 탈 시 인
一念恭敬 我亦百千方便 度脫是人

어 생 사 중 속 득 해 탈 하 황 문 제 선 사
於生死中 速得解脫 何況聞諸善事

염 념 수 행 자 연 어 무 상 도 영 불 퇴 전
念念修行 自然於無上道 永不退轉

설 시 어 시 회 중 유 일 보 살 명 허 공
說是語時 會中 有一菩薩 名虛空

장 백 불 언
藏 白佛言

세 존 아 자 지 도 리 문 어 여 래 찬 탄
世尊 我自至忉利 聞於如來 讚歎

지 장 보 살 위 신 세 력 불 가 사 의 미 래
地藏菩薩威神勢力 不可思議 未來

세 중 약 유 선 남 자 선 여 인 내 급 일 체
世中 若有善男子善女人 乃及一切

천 룡 문 차 경 전 급 지 장 명 자 혹 첨
天龍 聞此經典 及地藏名字 或瞻

례 형 상 득 기 종 복 리 유 원 세 존 위
禮形像 得幾種福利 唯願 世尊 爲

미 래 현 재 일 체 중 등 약 이 설 지
未來 現在一切衆等 略而說之

불 고 허 공 장 보 살
佛告虛空藏菩薩

제 청 제 청 오 당 위 여 분 별 설 지 약
諦聽 諦聽 吾當爲汝 分別說之 若

미 래 세 유 선 남 자 선 여 인 견 지 장 형
未來世 有善男子善女人 見地藏形

상 급 문 차 경 내 지 독 송 향 화 음 식
像 及聞此經乃至讀誦 香華飮食

의 복 진 보 보 시 공 양 찬 탄 첨 례 득
衣服珍寶 布施供養 讚歎瞻禮 得

이 십 팔 종 이 익
二十八種利益

일자 천룡호념 이자 선과일증 삼
一者 天龍護念 二者 善果日增 三

자 집성상인 사자 보리불퇴 오
者 集聖上因 四者 菩提不退 五

자 의식풍족 육자 질역불림 칠자
者 衣食豊足 六者 疾疫不臨 七者

이수화재 팔자 무도적액 구자 인
離水火災 八者 無盜賊厄 九者 人

견흠경 십자 귀신조지 십일자 여
見欽敬 十者 鬼神助持 十一者 女

전남신 십이자 위왕신녀 십삼자
轉男身 十二者 爲王臣女 十三者

단정상호 십사자 다생천상 십오
端正相好 十四者 多生天上 十五

자 혹위제왕 십육자 숙지명통
者 或爲帝王 十六者 宿智命通

십칠자 유구개종 십팔자 권속환
十七者 有求皆從 十八者 眷屬歡

락 십구자 제횡소멸 이십자 업도
樂 十九者 諸橫消滅 二十者 業道

영제 이십일자 거처진통 이십이
永除 二十一者 去處盡通 二十二

자 야몽안락 이십삼자 선망이
者 夜夢安樂 二十三者 先亡離

고 이십사자 숙복수생 이십오
苦 二十四者 宿福受生 二十五

자 제성찬탄 이십육자 총명이근
者 諸聖讚歎 二十六者 聰明利根

이십칠자 요자민심 이십팔자 필
二十七者 饒慈愍心 二十八者 畢

경성불
竟成佛

부차 허공장보살 약현재미래 천
復次 虛空藏菩薩 若現在未來 天

룡귀신 문지장보살명호 예지장보
龍鬼神 聞地藏菩薩名號 禮地藏菩

살형상 혹문지장보살 본원등사
薩形像 或聞地藏菩薩 本願等事

수행찬탄첨례 득칠종이익
修行讚歎瞻禮 得七種利益

일자 속초성지 이자 악업소멸 삼
一者 速超聖地 二者 惡業消滅 三

자 제불호림 사자 보리불퇴 오자
者 諸佛護臨 四者 菩提不退 五者

증장본력 육자 숙명개통 칠자 필
增長本力 六者 宿命皆通 七者 畢

경성불
竟成佛

이시 시방 일체제여래 불가설불
爾時 十方 一切諸如來 不可說不

가설 일체제불 급대보살 천룡팔
可說 一切諸佛 及大菩薩 天龍八

부 문석가모니불 칭양찬탄 지장
部 聞釋迦牟尼佛 稱揚讚歎 地藏

보살대위신력 불가사의 탄미증유
菩薩大威神力 不可思議 歎未曾有

시시 도리천 우무량향화 천의주
是時 忉利天 雨無量香華 天衣珠

영 공양석가모니불 급지장보살이
瓔 供養釋迦牟尼佛 及地藏菩薩已

일체중회 구부첨례 합장이퇴
一切衆會 俱復瞻禮 合掌而退

종
〈終〉

사 경 발 원 문
寫經發願文

아 금 서 원 진 미 래 소 성 경 전 불 난 괴
我今誓願盡未來 所成經典不爛壞

가 사 삼 재 파 대 천 차 경 여 공 불 산 파
假使三災破大千 此經如空不散破

약 유 중 생 어 차 경 견 불 개 경 경 사 리
若有衆生於此經 見佛開經敬舍利

발 보 리 심 불 퇴 전 수 보 현 인 속 성 불
發菩提心不退轉 修普賢因速成佛

발 원 문
發 願 文

불 기 년 월 일
佛紀 年 月 日

발 원 제 자 합 장
發願弟子 合掌

지장보살본원경 사경

1998년 5월 14일 초판
2025년 8월 11일 재판

발행: 정우북스
신고 1992.5.16. 제300-1992-48호
서울. 종로구 삼봉로 81, 두산위브파빌리온 1231호
Tel: 02/720-5538 Fax: 730-5538
다음카페: jungwoobooks

값/7,000원

ISBN 979-11-992222-8-1 (13220)